# A INFÂNCIA ATRAVÉS DO ESPELHO

G983i  Gutfreind, Celso.
 A infância através do espelho : a criança no adulto, a literatura na psicanálise / Celso Gutfreind. – Porto Alegre : Artmed, 2014.
 204 p. ; 21 cm.

 ISBN 978-85-8271-076-0

 1. Psicanálise. 2. Psicanálise – Literatura. I. Título.

CDU 159.964.2

Catalogação na publicação: Suelen Spíndola Bilhar – CRB 10/2269

Celso Gutfreind

# A INFÂNCIA ATRAVÉS DO ESPELHO

a criança no adulto,
a literatura na psicanálise

2014

© Artmed Editora Ltda., 2014

Gerente editorial: Letícia Bispo de Lima
**Colaboraram nesta edição:**
Coordenadora editorial: Cláudia Bittencourt
Capa: Maurício Pamplona
Preparação do original: Mônica Ballejo Canto
Leitura final: Leonardo Maliszewski da Rosa
Projeto gráfico e editoração: TIPOS – design editorial e fotografia

Reservados todos os direitos de publicação à
ARTMED EDITORA LTDA., uma empresa do GRUPO A EDUCAÇÃO S.A.
Av. Jerônimo de Ornelas, 670 – Santana
90040-340 – Porto Alegre, RS
Fone: (51) 3027-7000 Fax: (51) 3027-7070

É proibida a duplicação ou reprodução deste volume, no todo ou em parte,
sob quaisquer formas ou por quaisquer meios (eletrônico, mecânico, gravação,
fotocópia, distribuição na Web e outros), sem permissão expressa da Editora.

SÃO PAULO
Av. Embaixador Macedo de Soares, 10.735 – Pavilhão 5
Cond. Espace Center – Vila Anastácio
05095-035 – São Paulo – SP
Fone: (11) 3665-1100 Fax: (11) 3667-1333

SAC 0800 703-3444 – www.grupoa.com.br

IMPRESSO NO BRASIL
*PRINTED IN BRAZIL*
**Impresso sob demanda na Meta Brasil a pedido de Grupo A Educação.**

# SOBRE O AUTOR

Celso Gutfreind nasceu em Porto Alegre, em 1963. É escritor e médico. Como escritor, tem 29 livros publicados, entre poemas, contos infanto-juvenis e ensaios sobre humanidades e psicanálise. Participou de diversas antologias no Brasil e no exterior (França, Luxemburgo e Canadá). Foi traduzido para o francês, o inglês e o espanhol. Recebeu diversos prêmios, entre os quais se destacam *Açorianos 93* e *Livro do Ano*, da Associação Gaúcha de Escritores, em 2002, 2007, 2011 e 2012. Foi finalista do Prêmio Jabuti 2011 e escritor convidado do Clube de Escritores Ledig House, em Omi (Estados Unidos), em 1996.

Como médico, tem especialização em psiquiatria e psiquiatria infantil, mestrado e doutorado em psicologia, realizado na Universidade Paris 13. Realizou pós-doutorado em psiquiatria da infância pela Universidade Paris 6. É psicanalista pela Sociedade Brasileira de Psicanálise de Porto Alegre. Atualmente trabalha como professor de psiquiatria na Fundação Universitária Mário Martins e como professor convidado nos cursos de Psicologia da Universidade do Vale dos Sinos (Unisinos) e da Universidade Federal do Rio Grande do Sul (UFRGS).

Pela Artmed, foi um dos organizadores do livro *A obra de Salvador Celia*: empatia, utopia e saúde mental das crianças.

Para entender um doido convém ser psiquiatra,
mas nunca é suficiente.

Julio Cortazar


They so embellish, that't is quite a bore
Their labyrinth of fables to thread through,
Whereas this story´s actually true.*

Lord Byron

---

* Eles embelezam tanto que ficam chatos / Seus labirintos de fábulas alinhavadas, / Mas a minha história é de verdade. (Tradução do autor).

# AGRADECIMENTOS

Em especial às revistas *Calibán*, *Ceapia*, *Norte*, *Pátio Educação Infantil*, à Sociedade Brasileira de Psicanálise de Porto Alegre, à Sociedade Psicanalítica de Porto Alegre, à Vox – Instituto Estadual do Livro e à editora Modelo de Nuvem, que gentilmente cederam os textos que serviram de base para alguns capítulos.

A Annete Baldi, pelo mote que o livro adotou.

# PREFÁCIO

I may not have a lot to give,
but what I got I'll give to you. (Beatles)*

Peço licença e faço a poesia que posso. Como o vigilante Dionísio vigia.
E o gesseiro Elvis engessa. Na poesia que posso, busco ritmos para botar
o que eu acho. O que eu acho não é o mais importante. Os ritmos são.
Igual à mãe com seu bebê. Não é poesia grande. É a minha. Ninguém
poderia fazê-la em meu lugar.

Deve ter gesseiros melhores do que Elvis e vigilantes melhores do
que Dionísio. Poetas maiores do que eu, eu sei que há. Seus ritmos superam o da música em si. E o que acham chega a transmitir certezas. Igual
à mãe com seu bebê. Pablo Neruda, por exemplo. Convenceu-nos de
que só há dois temas nesta vida: amar e despedir-se. Adiantou-se a grandes teóricos como John Bowlby.

Não adianta buscar um terceiro tema, do tipo a vigilância. Ou o gesso.
Ou a poesia em si. O vigia protege os amores da violência de quem não
os encontrou. O gesseiro constrói paredes para a intimidade dos amores.
Estes precisam algum grau de separação, e lá estamos nós sem novidade.

---

* Posso não ter muito para dar, mas o que tenho, dou para ti.

A psicanálise talvez tente dar nomes para isso. E a poesia, bem, a poesia é um ato intencional de amor. Ou desesperado de separação. Não tem saída. Mas entra.

Então vigio a poesia e a engesso em outros gêneros. Literatura para crianças, por exemplo. Aqui é alegre – ou triste – porque quase não tem amor. Como se eu o deixasse fora dali para falar exclusivamente da separação. Como quem diz o amor se vive, a separação se fala. Está nos títulos dos livros: *Vovó não vai para o céu, A almofada que não dava tchau* e *A primeira palavra* são exemplos da falta de diversidade.

Os livros e suas faltas me levaram às escolas da periferia, capitaneado pelo Projeto "Adote um Escritor". Sei que estou meio umbigado nesta prosa à guisa de prefácio, mas, embora poeta menor, eu me permito expressar uma certeza: é o trabalho mais importante do Brasil de hoje. Nenhum plano de Brasília supera as ideias do Adote. Nenhum político faz mais do que os seus participantes. Partem do princípio de que a criança que ler será mais saudável e feliz. Que a literatura pode preencher vazios. De certa forma, é a mesma pretensão da psicanálise.

A escola chama-se José Loureiro da Silva e fica na Vila Tronco, em Porto Alegre. O tema era a separação. A professora tinha pedido aos alunos que dissessem de quem não queriam se separar. A Brenda, de cinco anos, disse que do pai. Ele estava morto.

Eu estava lá. Eu sentia saudades da minha filha.

A Brenda pegou a minha mão. Com firmeza, palma na palma, dedos entrelaçados, e não soltou mais.

Eu peguei a mão da Brenda, palma na palma, dedos entrelaçados, e não soltei mais.

Foi mão na mão a manhã inteira até os estertores da separação. Teve riso, teve lágrima e, antes de se separar, outras histórias de amor de dar certeza ao Neruda. Era literatura, emoção e transferência. Mas era também agora.

Desde então, houve a memória que até hoje lembra que filha e pai não se perdem nem para a morte ou coisa parecida.

Dançando com tantas outras, a ideia principal deste livro é lembrar que a psicanálise e a literatura estão juntas ao proporcionar experiências como essa.

# PRÓLOGO

A palavra é uma tentativa de deter o fluxo, de estabilizá-lo.
E no entanto persistimos em tentar traduzir a experiência
em linguagem. (Auster, 2013)

A ideia é chamar de prólogo. Ser sintético e não se estender na introdução
com mais retórica. Literatura e psicanálise já representam a coisa em si.
Apresentá-las em pormenores afastaria da essência, flertaria com o abismo da metalinguagem. A metalinguagem é fria. Estamos falando de gente
e palavras vivas, como Walt Whitman. De encontro, quando funciona.
Mas, se há encontro, algo funciona. Com uma verdade que precede a
linguagem que a prepara.

Em meio a tanta subjetividade – literatura, psicanálise –, não se evitou
perguntar a idade deste livro. No mínimo, tem mais de cem anos de
psicanálise, primeira palavra do título. E, no máximo, a idade indeterminada da literatura.

Daí dois pontos: a literatura veio antes. Freud sempre soube disso
humildemente. Caso contrário, não recorreria a gênios como
Shakespeare, Goethe, Schnitzler. E a supostos não geniais como Jansen,
com a ideia de que todos eles, independentemente do tamanho, haviam
chegado exatamente aonde ele queria: compreender um pouco mais o
ser humano; achar palavras para a profundeza.

Sem literatura, a psicanálise não teria sido escrita. Ou tão bem escrita. Contaria com páginas menos literárias na abrangência de suas metáforas científicas. O livro talvez devesse se chamar *Literatura e psicanálise*.

(In)determinada a idade, questionado o título, surge outro ponto: originalidade. Como pai, seria natural que o autor se iludisse, exaltando a inteligência do cérebro, a raridade dos olhos e a beleza do rebento. Mas, ao mergulhar em narração e narcisismo, certa contenção parece alcançada. Freud, o pai da coisa, começou a coisa toda, juntando literatura e psicanálise. Seus discípulos jamais abandonariam o método, direta (Bion, Ferenczi, Rank, entre outros) ou indiretamente, como todos os demais.

Mas ser pai é fogo. O desta obra apresenta-a paternalmente, ou seja, sem modéstia. Clama por certa originalidade, fonte de sua harmonia, e a localiza na experiência de um escritor-psicanalista-leitor que apresenta facetas diversas de seu trabalho multifacetado em meia dúzia de obsessões: a forma é que tenta ser mais ampla ao buscar a arte.

A psicanálise também busca a arte. Representar é preciso. Isso é artístico e psíquico. Adoecer é no fundo não ter como dizer. Desistir da obra em texto ou em vida. Toda neurose que melhora cedeu lugar a um símbolo maior do que ela. Mais verdadeiro. Quem diz é são. Não sei se há sanidade maior do que essa.

As obsessões não são muitas, como de hábito. Pode-se retomar a modéstia de autor menor, sem complexo, encarando todo mundo com seu cavaquinho verdadeiro, como João Bosco. Mas as repetições também não são muitas nem para os gigantes. Eles são como as mães: geniais no ritmo.

Para Jorge Luis Borges, eram tigres e labirintos.

Para Dalton Trevisan, tarados no subúrbio e broas de fubá.

Para Rubem Fonseca, violência, sexo e crimes urbanos.

A deste livro é a via de mão dupla (múltipla, infinita) entre a psicanálise e a literatura, com o foco apontado para a infância. São, enfim, da mesma cepa. Da mesma vida, da mesma arte. Estão juntas desde sempre. Esmorecem se não for assim.

O objetivo é expressar, a cada experiência no consultório e fora dele – nas escolas como escritor –, o quanto a psicanálise bebe, come e respira do literário e vice-versa. Também o quanto, sem querer (brincando), as duas, repletas de inutilidades, tornam-se úteis para o desenvolvimento da criança.

Neste livro, a literatura chegou antes, assim como fora dele. De propósito, a primeira parte é literária.

O autor-pai gaba-se de não responder diretamente. Apenas sugere, à Mallarmé e Freud. Na parte seguinte, a literatura é banhada pela psicanálise e avança com reflexões sobre autores como Emily Dickinson, irmãos Grimm, J. D. Salinger, entre outros gigantes para a humanidade ou para o autor. Também pensa e sente a fonte literária como um grande motor na construção das primeiras e decisivas representações mentais da infância. Entre os autores, não poderia faltar Sigmund Freud. Com um artigo hoje centenário, disse quase tudo a que veio o conto ao fazer companhia para o trabalho analítico.

Feliz de representar, o livro não escapa da ambiguidade. Então, acolhe a tristeza de inevitável metalinguagem em seus temas. Fazer o quê? Mudar a forma. A seção seguinte radicaliza e descamba para a ficção. Conta histórias como antes fizeram as suas fontes. Sem o alcance de um Salinger, vai fazendo do seu jeito e tamanho (o cavaquinho verdadeiro), tentando fugir da saturação de temas como a sexualidade e a leitura, quando escritos sob a forma ensaística.

Aqui não há ensaio, é tudo invenção; sobra até mesmo para a psicanálise em si: o capítulo "Quatro amigos e uma composição" cria um conto para a segunda tópica freudiana, personalizando as instâncias do funcionamento psíquico ao colocá-las como personagens e não construtos. Radicaliza-se o direito de brincar. De contar – metáfora sugestiva de que psicanálise e literatura sabem que narrar (e brincar) são os maiores indícios de que a criança está bem.

Há outro capítulo bizarro, descrevendo o encontro entre um psicanalista e um terapeuta cognitivo-comportamental, na galeteria, cheia de filhas e sob o vazio da existência. Ali as teorias reconhecem a falta de eco no seu ofício, se feito sem cavaquinho, sem afeto, sem ritmo. E se rendem a uma história, único antídoto contra o vazio. Literatura e psicanálise sabem disso há séculos.

A essa altura, o livro se sente mais à vontade para mergulhar na psicanálise infantil, hoje mais pautada na coconstrução (Lebovici) de uma história do que nas interpretações e seus conceitos. E o faz na sessão seguinte ao retomar, sob a forma de ensaio, temas como o brincar, o uso do corpo, a narratividade. No entanto, a marca da literatura – a poesia – está impressa desde o começo. Antes ousa perguntar: – Afinal, para que psicanálise? E dê-lhe uma nova história sem respostas absolutas como quem sugerisse mais uma vez que saúde mental é tão somente poder perguntar.

Na parte final, expõe o sonho parental de que o filho se tornou um sujeito feliz e integrado. Por isso, chama-se "Literatura e psicanálise: enfim juntas". Reflete sobre a escrita, a criação, a influência, com a sensação de que utiliza uma lente bifocal, incapaz de separar o que vem do texto ou da sessão. Quase ao final, relata como isso é utilizado e brincado nas escolas aonde um analista vai disfarçado de escritor encontrar um escritor disfarçado de analista, e a dupla oferece psicanálise disfarçada de literatura e vice-versa.

Tem ainda um capítulo sobre o Pequeno Hans, espécie de Ilíada ou Odisseia, berço do atendimento psicanalítico na infância. Psicanálise e literatura, afinal, têm em comum a possibilidade de oferecer um novo olhar. Para a família e para o mundo. Ora, família e mundo são amorosos e odiosos como todo mundo. Não se pode no começo – e talvez para sempre – olhar sozinho. É preciso o Outro, o analista, a história, o livro para ajudar a ver e a mediar a ardência da coisa em si.

Faz parte da psicanálise o trabalho de *desolhar* para *reolhar*. E, quando anda bem, é como mãe e pai que antes emprestam seus olhos, depois constituem um sujeito capaz de olhar por si, razoavelmente liberto da angústia da influência. No paradoxo de amar e despedir-se, o mais central de toda psicanálise (Jeammet).

Mas estamos condenados desde o começo a nunca mais podermos olhar absolutamente sozinhos. Há gente (objetos) dentro de nós. A vida e a literatura colocaram, a psicanálise remodelou.

Talvez também para isso venha a literatura, presente desde sempre na poesia do olhar materno, na troca sonora entre mãe e bebê, banhada de vozes, afetos, prosódia, velha e nova companhia para construir e libertar olhares. Somos frutos deles.

Este livro conta, inclusive, com considerações finais. Elas vêm por meio de um poema, o que dispensa explicações, porque não há. Prefácio e posfácio são deliberadamente literários, ou seja, analíticos.

Falta agora o Outro. Que venhas, leitor, com implicação, sentimentos, novo olhar para explicações antigas. E companhia. Para que mais do que tudo isso? Para que mais literatura e psicanálise?

# SUMÁRIO

**AFINAL, PARA QUE LITERATURA?**      19

## PARTE I    LITERATURA E PSICANÁLISE

**SOBRE LIVROS E AUTORES**

1   CARTA A EMILY DICKINSON –
ALEGRIA E TRISTEZA DA POESIA EM AÇÃO      32

2   PETER PAN – UMA VIAGEM EM TORNO
DA TERRA DA PSICANÁLISE      37

3   UMA HIPÓTESE E MUITA ARTE A PROPÓSITO
DE JOÃO E MARIA      47

4   O APANHADOR NO CAMPO DA ADOLESCÊNCIA      51

5   PRECISAMOS FALAR DOS FANTASMAS      67

6   LIVRO IMPRESSO OU DIGITAL: O BEM E O MAL?      71

7   TRÊS OU CINCO HOMENS E O AMOR DE UMA MULHER      74

8   LEONARDO DA VINCI: ENTRE A ARTE E A PSICANÁLISE      78

9   POESIA E PSICANÁLISE, ESTE ARSENAL      86

10   PARA LER E OUVIR CEM ANOS DEPOIS      90

**SOBRE FICÇÃO**

11  A QUÍMICA DA SEXUALIDADE                                           94

12  QUATRO AMIGOS E UMA COMPOSIÇÃO                                    100

13  O ENCONTRO DE UM TERAPEUTA COGNITIVO-
    -COMPORTAMENTAL E UM PSICANALISTA NA GALETERIA    109

**AFINAL, PARA QUE PSICANÁLISE?**                                     114

## PARTE II    PSICANÁLISE E LITERATURA

14  DA REALIDADE LÍQUIDA A SOLIDEZ DO
    AMIGO IMAGINÁRIO                                                  121

15  POESIA E CORPO: MATÉRIAS-PRIMAS DA SUBJETIVIDADE   126

16  O BRINCAR E A SUBJETIVIDADE: OU ISTO OU AQUILO     132

17  NARRAR PARA SER MÃE E PAI                                        137

18  REVENDO A ETERNIDADE EM PÁGINA E MEIA              143

19  O QUE O BEBÊ QUER DA LITERATURA?                    146

## PARTE III    LITERATURA E PSICANÁLISE: ENFIM JUNTAS

20  POESIA E PSICANÁLISE EM TRÊS ATOS                   153

21  SEIS PROPOSTAS SOLTAS PARA UMA ESCRITA
    PSICANALÍTICA                                                    160

22  HÁ ANGÚSTIA NA INFLUÊNCIA?                           167

23  PSICANÁLISE E LITERATURA: A RESISTÊNCIA
    POSITIVA DA CULTURA                                             175

24  POR UMA INFÂNCIA SÓLIDA DE HISTÓRIAS               179

25  PSICOLOGIA E LITERATURA – VARIAÇÕES EM TORNO
    DE MANOEL DE BARROS                                             188

CONSIDERAÇÕES FINAIS                                                 193

POSFÁCIO                                                             195

REFERÊNCIAS                                                          197

# AFINAL, PARA QUE LITERATURA?*

> Tão pouco nós sabemos desta vida
> Que a dúvida da dúvida duvida. (Keats; Byron, 2009)**

Queria ler o capítulo em voz alta. Eu o escrevi. Em homenagem à literatura. Que, afinal, pôde ser oral, mas hoje permanece mais na escrita. Na escrita digitada. Eu digitei o manuscrito, tenho tudo em meu disquete. Quer dizer, *pendrive*. Quer dizer, *smartphone*, *iPad*. *iPad* dois, três, quatro, cinco. Seis, talvez, quando estiver pronta a edição. Essas coisas vão mudando rápido.

A literatura fica. Guarda algo do tempo, da lentidão, da permanência. Detém a riqueza da representação: o traço. Não seria esse o seu maior por quê? Durar no confronto com a vida breve, cada vez mais veloz, ritmada pelos segundos, ditada também pela morte (Andrade, 1980). A neurose vem também do que não pôde ser guardado no calor da hora. E tenta ainda, desesperadamente, guardar. Por isso, é fria, guarda torto.

Quando era adolescente, eu tive alguns momentos normais. Por exemplo, eu não sabia o que fazer. Então, fazia muita bobagem do tipo fumar

---

* Reescrito a partir de uma apresentação em encontro com livreiros, promovido pela Editora Projeto em São Paulo.
** Tradução de Augusto de Campos.

(suspirar, para Quintana) ou escolher profissões que nada tinham a ver comigo.

Primeiro cursei Engenharia. Civil. Nunca entendi o que era uma derivada. Fiz um ano de Teatro, era péssimo ator, não tinha noção de espaço, talvez porque nunca tivesse entendido objetivamente o que era uma derivada. Subjetivamente, tampouco. E até descobrir que eu queria fazer Medicina para fazer Psiquiatria para dar um jeito na maior parte de meus momentos, que pareciam pouco normais, eu lia. Lia muito. Ler era estar no compasso de espera. E procura. Com companhia. Em busca de representação, que achava lendo.

A literatura servia para suportar um mundo sem sentido que um sujeito não sabe para o que serve, muito menos o que pretende fazer nele. O mundo o pressiona. Há de se cravar um nome no sujeito, uma função, uma etiqueta, de preferência única. O mundo pesa mais ainda sobre os ombros do adolescente (Andrade, 1980). Ele é sem por que, como este que agora buscamos para a literatura: "A questão do propósito da vida humana já foi levantada várias vezes; nunca, porém, recebeu resposta satisfatória e talvez não a admita." (Freud, 1996a, p. 83).

Nós, pobres aprendizes, tentamos achar alguma. Depois fiz Letras. Três anos. Estudei a Teoria da Literatura e nunca me esqueci de que ela tentava responder à mesma pergunta: para que serve?

Lembro-me de uma resposta: cada período literário inventa as suas funções. O clássico utiliza a expressão de Horácio, *utile e dulci,* ao dizer que a literatura serve para ser útil e doce, ou seja, ensinar e divertir.

Devo ter achado importante, pois não esqueci.

Jorge Luis Borges, que escreveu sobre o assunto, não foi claro sobre a função da literatura. Sobre o tema do esquecimento, foi claríssimo em poemas, contos, ensaios. Precisamos esquecer para ter espaço de lembrar. Até os *pendrives* pensaram nisso quando vieram substituir os CDs que, tendo pensado antes, substituíram os disquetes. Mas a literatura, em conteúdo ou forma, não pode ser substituída: ela é única tal qual uma vivência humana. Como a psicanálise.

O leitor deve estar percebendo que não pegarei a resposta em Borges, no Romantismo ou no Barroco, de cujas funções contorcidas e excessivas eu já me esqueci.

Vou pegar na história.

Pode ser exposição pessoal, mas todo sujeito que escreve ou lê imprime certa distância a distância nenhuma. Toda exposição no fundo é falsa, mediada e protegida pela metáfora, que não dá conta de esconder a verdade do sujeito. O encontro, quando vale a pena, é pessoal. E narrativo. É falso o que não invento, disse outro poeta (Barros, 2003). Precisamos de metáfora. Ela revela e esconde. Ela desloca. Precisamos da verdade, parte revelada, parte escondida. Precisamos de deslocamento. É o que buscamos na leitura e na análise, mas não bastam. Precisamos da outra pessoa e dos símbolos. O menino do engenho não era Lins do Rego. Esta história não é só minha. Precisamos narrar.

Nunca entendi por que classificaram os livros de Grahan Greene de sérios e divertidos, autobiográficos e não. A história que conto também não me conta; seguidamente, passa longe da minha vida. Ela chega ao outro, carregada de mim, ou seja, deste outro por meio de linguagem e ficção. Precisamos do outro. Precisamos nos separar do outro. O paradoxo da psicanálise.

Para a literatura, a ficção é um objetivo. Para a psicanálise, também. Deseja-se alcançar a representação, a estrutura diante da coisa sem nome e do caos de tanta pulsão destrutiva. Para Freud, o instinto de morte é o maior entrave de um tratamento. A ficção é o que se construiu. O guardado. A parte da lucidez.

Freud foi genial ao pensar que ardia nele, mas também nos outros. Somos todos uns pobres coitados sob os auspícios (hospícios?) de um frágil aparelho mental (Freud, 1996b). Ele falou de si, evocando o mundo inteiro, inclusive as mulheres.

Talvez sirva para isto a literatura se a gente pensar que nascer, morrer, encontrar, amar, desamar – os "motivos humanos" – são fogo ardente. Se não tiver uma película entre a gente e o fogo, ocorre uma queimadura de terceiro grau. Queimadura de terceiro grau consome as três camadas da pele: o curso de Medicina eu concluí.

A psicanálise também constrói a película. Mas essa precisa ser delicada (embora firme) para proteger a vida psíquica da gente e sua ardente intensidade. Senão degringola, desmantela sem tempo nem linguagem para transcender a pobre coitada da condição humana. Para poder amar e trabalhar.

Vai que a literatura seja a película. Vai que a película permita que um adulto e uma criança se encontrem em torno da vida e da arte. E se olhem, se toquem, gesticulem, pensem. Representem-se a partir do encontro. Influenciem-se, coconstruam.

A ciência raramente prova alguma coisa, mas deixou clara a importância desse tipo de interação para o desenvolvimento da criança. Sem representação, construída junto ao outro, é inevitável o desmantelamento. Precisa a película. A resiliência (resistência à adversidade) advém de um bom apego e de relações razoáveis.

Sem poesia, sem palavras com afetos, sem rearranjo de palavras e afetos, a partir da intriga amorosa entre pais e filhos, a vida não vinga e não narra: morre. Um encontro que possa ser contado é talvez a necessidade humana maior além das biológicas e instintivas, comer, beber, respirar. Narrar permite respirar. O nascimento é a primeira chance. A literatura, a segunda. A psicanálise, uma terceira. A vida pode ser generosa. Vai que seja isto: literatura e psicanálise, porque precisamos de um pretexto para encontrar o outro. Porque nascemos com a sede – a pulsão de apego. Ela precisa ser saciada com ilusão que ameniza e realidade que sacramenta (Winnicott, 1969b, 1975).

Mas agora estou contando a história do meu "para que serve a literatura". A psicanálise está ajudando a não espargir conceitos do tipo *utili e dulci* para dizer que ela pensa que o importante para um indivíduo pode ser para os outros.

Freud, um escritor – vencedor do prêmio Goethe de literatura –, viu uma mulher sofrendo de uma inibição repleta de reminiscências a que chamou histeria, em meio à fantasia ou realidade de uma relação sexual incestuosa. Ele pensou: outras mulheres e homens devem sentir o mesmo.

Ele tinha razão. Vai ver também serve para isto a literatura, encontrar nomes com patamar de metáforas (películas) para nossos sofrimentos que, (era) uma vez nomeados, perturbam um pouco menos para sempre, especialmente se descobrimos que não somos os únicos a padecê-los. Outros passaram pelo mesmo calvário e conseguiram sair se não incólumes, pelo menos capazes de seguir vivendo.

Não sei se é isto ou aquilo. Por que não isto e aquilo? Cecília Meireles brincou disso. Sinto que a literatura me alivia um pouco de tamanha ignorância. Além de Freud, Borges ou qualquer teoria *utile e dulci*, a literatura me salvou. Eu parecia pouco normal. Eu parecia meio anormal.

Eu parecia muito anormal. Anormal era estar perto da morte como qualquer um que agarra a vida, deixa a infância, entra no crescimento e encara o luto. Anormal como todos os outros, porque a vida verdadeira alcança a subjetividade, onde é difícil apurar a norma. A literatura foi a minha salvação. Também arrisco dizer que isso é universal. Todos passam pela história de sentir a dor de passar. Vim de uma família que sedava pouco. Que fazia a apologia da tristeza. Que vinha de uma família de imigrantes, que sentia muito, tinha marcas e as repassava. Uma família dolorida e normal, ou seja, anormal. Vida? Que viesse, com morte e tudo. O que fazer? Ler, escrever, ouvir e contar, que a dor passa com a noite. Contar e ouvir, o mais sagrado dos remédios. A literatura e a psicanálise sabem disso desde sempre.

A literatura veio antes. E passou. Ora, direis, nem sempre é assim, uns morrem mesmo, outros são salvos pelo esporte, teatro, dança, pelo outro, pela comunidade. Pelo outro, a maioria. Pelo novo olhar do outro. Tive também meus outros decisivos: mãe, pai, uns pedaços deles, um que outro professor. Os amigos. As amantes. Eles me transmitiram o gosto de viver. Eles não conspurcaram todo o desejo de viver. A literatura foi meu grande outro.

Já salvo por ela – meio e provisoriamente, porque ninguém o está em definitivo e, por isso, volta a analisar-se e continua lendo, assim como a criança fica pedindo que se conte outra vez a mesma história –, organizei oficinas de literatura para adolescentes. Lá encontrei moribundos como eu na idade deles. Eu era agora o seu Outro. Penso que a literatura ajudou, porque eles encontravam, ao ler, uma forma de escrever. E dizer. Quem diz é são. Não sei se há outra saúde além dessa.

Precisamos dizer. Dizer é estar vivo, espantar a falta de sentido, a morte, ficar mais leve da vida, iludir-se no sentido de sentir que a vida vale muito, nem que na ilusão da vida. Muitos passavam a se sentir mais assim. A personagem principal dessa história bonita era a literatura, que os preparava a partir do encontro para continuar e não acatar a morte, este silêncio.

Dizer é dizer de novo, encontrar intrigas escamoteadas na própria história. Relançar-se. A literatura os amparou. E continuava me amparando tanto que um dia levou-me a realizar o maior sonho de um menino ou menina: fugir de casa. A casa que dá e tira, ama e odeia, inteira e despedaçada, com e sem literatura, de onde é preciso partir depois de amar para amar em outro lugar.

Ninguém parte sem literatura. A psicanálise pode aumentar a chance de partir. Ainda que mais oral, ela é uma literatura como as outras. A leitura ajudou-me. Hemingway, Martin Du Gard, Romain Roland e Rimbaud disseram para onde eu deveria ir. Baudelaire também e Emile Ajar.

Na França, rota final da fuga, resolvi pôr a literatura a serviço de crianças separadas de seus pais. Tinha a ver com a minha infância e com os adolescentes que talvez a literatura tenha ajudado. A ver também com o trabalho junto a delinquentes de infâncias escalpeladas, sem futuro à vista. Afinal, fui um perito psiquiatra do Centro de Observações Criminológicas da Secretaria da Justiça do Rio Grande do Sul, onde conheci muita gente de passado mais quebrado do que o meu.

Eu pensava: se a literatura serviu para mim na adolescência e para os adolescentes, se as infâncias escalpeladas daquela gente de passado quebrado descambaram em vida adulta sem trabalho e nem amor, por que não se antecipar? Encontrar as crianças na hora da quebra, um pouco antes, tentar remendar enquanto ainda há calor e futuro... A literatura tinha me ensinado a não me encolher para o difícil, assim como a psicanálise, esta profissão impossível (Ben Soussan, 2004).

Trabalhei em Paris e nos subúrbios parisienses com crianças em situação de risco, vítimas de maus-tratos. Viviam em abrigos públicos. Para elas, a literatura serviu (*utile*) como a camada delicada – a película – que se interpunha entre o passado e os vínculos novos quando vinham atacá--los com a certeza quase irremovível de que seriam como os antigos (transferência). A literatura a removeu em parte. A transferência a removeu em parte. Para que não me batessem ou não suplicassem que batesse neles sem literatura. Como forma de elaboração (narração), único antídoto conhecido a favor da vida e contra a mortífera e paralisante repetição.

Para Philippe, a história de um palhaço que dava um jeito na tristeza com muita palhaçada (elaboração), serviu para que encontrasse esperança como filho de pais que não conseguiam serem pais.

Para Anne, a história do lobo serviu para que falasse (luto) do caçador e do pai que teve e conseguiu ser pai, mas em seguida morreu.

Para Jaqueline, a história de *João e Maria* serviu para que falasse dos maus-tratos, primeiro da mãe biológica e depois da adotiva.

A despedida dos *Três porquinhos* e sua mãe serviu para que chorassem a separação de suas próprias mães. Expressassem, pensassem, sentissem, achassem ouvidos, imagens, palavras para manter a mãe viva por dentro.

Entre os propósitos da psicanálise e da literatura, talvez este seja o maior: manter a mãe viva por dentro.

Era uma vez o nascimento. Depois, a infância com mãe e pai. Depois, precisamos de pai e mãe por dentro para sempre. Para o que mais servem a literatura e a psicanálise? Para desviar das explicações e continuar contando histórias, ou seja, vivendo.

Teve tanta história triste e bonita! Em todas, a literatura servia sem se dar conta para que falassem, contassem, nomeassem os fantasmas, enchessem de ritmos e imagens os vazios. A literatura serviu para preencher. Como a psicanálise.

Ela não as curou. Tampouco, curou-me. A vida não tem cura (a morte?), ela é crônica (Leminski, 1989). Também sigo meio sequelado, maloqueiro da vida mental depois de tanta literatura e psicanálise. Elas, sim, são intermináveis.

A literatura melhorou as vidas, adiou as mortes (em vida) e sejamos mais ousados para dizer que ajudou as crianças, porque não era de autoajuda ou dessas que desrespeitam a inteligência – indissociável do sentimento –, dizendo o que tem de ser feito. Dizer o que tem de ser feito é mortal. Sugerir, com jeito e arte, dá vontade de viver. A literatura sugere como a psicanálise. Ela só sabe fazer isso; no fundo é como a vida, que não sabe o que fazer com si mesma a não ser continuar se aprimorando para ser.

Ora, direis, por que precisa ser através dela? Por que não falar diretamente: – Diz aí, criança ou adulto, o mal que te aflige, abre-te feito Hamlet, Édipo ou um irmão Karamazov. Sabemos que em todos vocês corre nas veias e desliza na alma um desejo parricida. Ou matricida. Ou filicida. Ou inseticida – se quisermos fazer um jogo poético para encontrar beleza na feiura como na literatura e na psicanálise.

Ora, ouvireis silêncio, porque os desejos mais verdadeiros estão escondidos (recalcados) e morrem de medo de ser ditos, vergonha de ser ouvidos, não serem compreendidos, não acharem sentido. De estarmos não a sós, mas completamente sós. Com literatura, não se é só. Então, precisamos do artifício verdadeiro – a película –, imagem disfarçada a que denominamos metáfora. Édipo Rei, Hamlet, Irmãos Karamazov que primeiro digam por nós para que depois, menos ameaçados pela queimadura de terceiro grau, possamos dizer por nós mesmos, se é que já não dissemos por meio deles durante a leitura.

Escrever e ler é preciso, interpretar não é preciso, porque estava ali o tempo inteiro ao ler a história. Precisamos dizer não menos do que de água, comida, calor, do outro. A literatura, esse Outro, ajuda a dizer. Não gosto da palavra ajuda, ela ajuda pouco, porque é pretensiosa, mas não encontrei outra melhor e a repito por enquanto. Para achar outra melhor, precisarei de mais literatura. E psicanálise. Custa muito a encontrar palavra para o sentimento. E mesmo a mais apropriada traz consigo a falta que a engendrou. Por isso, não paramos de ler. E as análises são longas.

Também temos sede de origem. Em matéria livresca, a origem é o livro dos livros. Ele conta a passagem da volta do filho pródigo. Voltei meio esfolado como ele, meio crescido como ele e fui fazer o mesmo trabalho com crianças brasileiras e a literatura universal.

No Brasil, as crianças sofriam ainda mais. Além dos maus-tratos, sentidos lá dentro, viviam a miséria concreta lá fora. O que fizemos? Psicanálise disfarçada de literatura, com intervenções em escolas comunitárias, no município de Canoas.

E dê-lhe histórias, que geraram outras, como a da criança que um dia chegou contando. Os colegas pararam para ouvir. Era fruto da literatura que pode servir para isto, ensinar a contar e a ouvir. Sempre penso que poder fazê-lo é estar salvo. Psicanálise e literatura o fazem, mesmo quando não salvam.

A menina de 10 anos contou que fez aniversário. A festa foi magnífica. Ela a descreveu como só um bom leitor seria capaz: com alma, imagens, metáforas, afetos, vontade de encantar-se e encantar o outro. Ela descreveu reinventando como um leitor.

Lá pelas tantas, um de seus ouvintes, contraído pelo mal da pouca leitura, caiu da imaginação capenga e falou:

– Tu estás mentindo!

Ele tinha razão. A família dela não poderia proporcionar uma festa tão cara. Mas era literatura, não se tratava de razão. E, entre caída e levantada, ela respondeu:

– Não estou mentindo, estou imaginando.

A história me fez pensar que ali estava o porquê maior da literatura: pegar-nos pelas mãos e levar-nos ao mundo da imaginação, porque ele é melhor ou suportável – a teoria do belo esteve tão presente nos teóricos que não abordei ao escolher a minha história – e porque, se não pudermos ir ao belo de vez em quando, não suportaremos o mundo de sempre, chamado realidade. A realidade é a maior das novidades na teoria de Freud, este grande leitor.

Eis o paradoxo. Não podemos estar fora da realidade, mas sem imaginação não a suportamos. Há outro, maior ainda. Para a literatura ser eficaz, ela não podia pensar em ser. Ali estava o seu maior paradoxo: não ter porque nenhum, ser um momento de prazer e diversão (*dulci*), desses que a ciência também já descreveu como essenciais entre a mãe e o bebê para que os dois possam crescer como literariamente descreveram os psicanalistas Lebovici, falando de contos, Stern, falando de dança, Cramer, falando de fantasmas. Momento de perda de tempo sem por que, que acaba e recomeça com o tema do capítulo.

Também a psicanálise cresce quando é lúdica.

Haveria mais a acrescentar. O porquê da literatura é contar-nos, porque ela é narrativa. Somos seres narrativos, como mostrou Ricoeur, mas isto não parece maior do que o prazer da literatura não ter por que nenhum.

Corpo e alma, desligados há tanto tempo, na busca frenética de um encontro, são frágeis para tanto paradoxo. Vai que a literatura os fortaleça. Vai que sirva para que suportemos o absurdo da vida. E, sobretudo, da morte.

Não sei. Sou só um leitor, um escritor, um paciente, um psicanalista. Aqui, encontro o Saramago: o momento mais bonito de uma infância é quando a criança aprende a perguntar por quê. E o mais triste é quando os adultos, impotentes da falta de resposta, convencem-na a parar de perguntar. Vai ver também é isto a literatura, um modo de evitar adultos saturados do final de suas infâncias e poder continuar perguntando como uma criança. A literatura, talvez. A psicanálise, certamente.

O tempo é terrível se não encontra a película da literatura. Se não encontra a película da subjetividade. Em casos como este, só a literatura salva. Às vezes, a psicanálise. Intermináveis.

A conclusão, banhada nas duas, há de cantar como um samba: "A Mangueira é tão grande/que nem cabe explicação" (Viola, 1976).

A literatura, também.

# PARTE I

# LITERATURA E PSICANÁLISE

SOBRE LIVROS E AUTORES

# 1
# CARTA A EMILY DICKINSON – ALEGRIA E TRISTEZA DA POESIA EM AÇÃO*

> O monumento psicanalítico tem de ser atravessado não contornado, como as vias admiráveis de uma grande cidade, vias através das quais se pode brincar, sonhar etc.: é uma ficção. (Roland Barthes, 2010)

Emily Dickinson, quem disse que a morte é motivo para não falar da vida?
    Falo com os avós, a irmã, os cachorros.
    Todos em sono profundo como no poema de teu colega Manuel Bandeira.
    A voz dos mortos, Emily, tem momentos de alegria depois da tristeza. Tem ritmo vivo de transmissão, depois do luto que a poesia oferece. A psicanálise também oferece.
    Agora, falo contigo.
    Os vivos podem ser tristes, mas os mortos, quando falam, duram o tempo vasto do sonho. Ou devaneio. Eles flertam com a eternidade. E

---

* Escrito a partir de um encontro, na livraria Palavraria, em torno da obra de Emily Dickinson, com os escritores Ivo Bender (tradutor de Dickinson) e Ricardo Silvestrin, coordenador do evento.

ficam. A morte dorme como na suavidade da tua poesia. Isto é uma alegria real, Emily, não a que pouco presenciaste diretamente na vida.

Ainda ontem, eu encontrei teu conterrâneo de língua e plano – mortos que seguem contando para os vivos –, o poeta e psicanalista Donald Winnicott.

Sempre disposto a brincar (ele que o fez na teoria e na prática), sempre afeito a uma fofoca – dessas sem maledicência, feitas só para passar o tempo dos vivos –, ele me disse que mentiste.

Eu acredito no Donald, Emily.

Nasceste em Massachussets, há quase dois séculos. Foste poeta. Os poetas fingem enganar até nas dores.

Terias escolhido a solidão e o recolhimento com os teus. Terias sido eremita, eis a mentira de que Winnicott te acusa através de mim.

Não casaste nem com o teu correspondente, não tinhas rodas de amigos para um passeio rural.

Parecias um mito, excêntrica, inatingível. Emily, cá entre nós, há muita mentira nisso: vestida de branco? Mentira. Isolada? Mentira.

Deixavas-te colorir pela subjetividade. Hoje ela nos banha com teu ritmo. Ele é o que fica, Emily, desde o começo. O ritmo abre e fecha a cortina. Entristece-nos, alegra-nos, basta que estejamos dispostos a não sedar os sentimentos e sim nos borrifarmos de representações, trocar o vazio e a calma pela vida com a sua maçaroca cheia de imbróglios bons e ruins. E mais ou menos. A vida, Emily, dentro e fora da ação, é uma bagunça. A psicanálise – ação também – lança estacas de nomes para que se suporte mais bagunça ainda. Isto é revolucionário como a tua poesia.

Alguns colegas do Donald – psicanalistas pouco poetas – te diagnosticaram de alienada e portadora de impulsos maléficos. Esta sim é mentira de maledicência, fofoca destrutiva, distante do Donald. Deixemo-los perecer na falta de subjetividade; não haveria punição maior do que a sedação e uma vida organizada, corpo sem gordura, comida sem tempero.

Mas o Donald não mentiu; ele era suficientemente poeta. Tu mentiste nas aparências, incluindo a de que teus *affaires* foram superficiais ou nem ocorreram. Mentira, Emily.

Tua poesia soube fazer de conta que vivia. Só quem está vivo pode fazer de conta. Fingias que era Deus, terra, graça. Contavas encontro e desencontro. Era só cavoucar um pouco – todo leitor de poesia e paciente em análise cavoucam –, e a vida estava ali. Pulsante. Em riste. Com disfarces. Através deles, representaste, simbolizaste, ou seja, viveste, ganhaste legiões de amores de todos os sexos, cores e amizades. Companhia, enfim. Tudo o que se quer ao ler ou ao analisar-se; aumentar o espaço potencial da imaginação. A vida, Emily, deseja encontro; que importa se mediado pela beleza da poesia ou da interpretação?

A poesia te povoou, expressando o belo; a solidão foi mentira. É fundamental, por acaso, que um acontecimento aconteça fora de quem o imagina? A neurose e a cura, a prosa e a poesia nos ensinam que não. Varaste os séculos com teus instantes de estética, não conheço amor nem erotismo maior do que este. Pura companhia. Envelope psíquico.

Teus versos fizeram irmãos e irmãs. Fizeram amantes. Foste amiga do Shakespeare, do Keats, do Browning. Da beleza, Emily, ela não deixa sozinha. São as epifanias da literatura, os *turning points* da psicanálise. Elas talvez sejam as últimas guardiãs de um mundo menos utilitário.

Tu viveste na biblioteca da casa, o teu maior seminário. Mas quem disse que biblioteca não é rua, cidade, mundo, quarto, cama? O Donald disse: quem ainda fala já saiu da solidão. Quem cria, mais ainda. Imagina só quem lê e imagina... Quem imagina e se trata... Olha o que li, Emily:

> Moro na possibilidade
> Casa mais bela que a prosa,
> Com muito mais janelas
> E bem melhor, pelas portas*

O Donald disse que a possibilidade de imaginar é forte como uma realização. Ela é a realização. Talvez a única. Olha o que criaste, Emily:

> A memória tem frente e fundos
> Como se fosse uma casa;
> Possui até mesmo sótão
> Para os refugos e ratos

Winnicott e eu ficamos te imaginando no sótão. Tu e a poesia como rastro de mãe, ou seja, tu e o mundo. Tu e tudo. Um conterrâneo teu, o

---

* Tradução de Ivo Bender.

poeta Walt Withman, tinha deixado claro que o tocaria quem tocasse o seu livro. Eu te toco, Emily, através do teu livro, como nos tocamos na psicanálise através da palavra, do olhar, da empatia para resgatar os primeiros toques entre o bebê e a mãe. O começo dita as regras, embora poesia e psicanálise possam refazer o jogo. São possibilidades de desdobramento, retomada, transferência.

Só a poesia é de verdade, diz a mãe para o seu bebê. Ali se inaugura a vida, o resto é reminiscência, prosa, refazenda. Não viveste de mentira, esta é a verdade.

Neurose e trauma entram onde a poesia falhou.

O que é um não acontecimento diante do ritmo, ação maior?

O que é uma realidade diante da poesia, a realidade mais palpável?

É o que estrutura e fica para viver. É o que propõem ludicamente literatura e psicanálise.

Se há um protótipo do poético, está no olhar da mãe para o bebê, no ritmo entre eles (Winnicott). A única realidade, Emily, é a poesia (Freud). O resto são possibilidades a serem confirmadas ou não. A poesia, sim, é legítima como um afeto que ninguém tira. Nem a separação ou a morte. A psicanálise tenta resgatá-lo. A poesia, às vezes, consegue. E a realidade, convenhamos, é cheia de sombras como tu mesma cantaste:

> Mais seguro é encontrar à meia-noite
> Um fantasma,
> Que enfrentar, internamente,
> Aquele hóspede mais pálido.

Enfim, Emily, tu compreendeste o que importa. O inimigo mora ao lado, vive dentro, a vida não se classifica. Winnicott o tinha revelado ao dizer que uma existência é cheia de sintomas; medicar ao léu pode matar. A tua síntese vive até hoje:

> Perdemos, porque ganhamos –
> Sabendo disso, os jogadores
> Lançam seus dados de novo!

Teus dados foram lançados com cuidados de Mallarmé, que compreendeu o abstrato de um afeto e limitava-se a sugerir. Eles são a poesia, Emily, onde sempre é possível jogar de novo (elaborar), relançar-se, viver.

Para isto, literatura, o Outro, psicanálise para reencontrar mãe e ritmo. E refazê-los ou fazê-los (?) para inventar, reencontrar-se apesar do único e verdadeiro drama, como bem disseste, a mais viva expressão de um dia comum nascendo e morrendo à nossa vista.

Sugeriste que é possível encontrar mães novas e mais ardentes, a cada dia, a cada leitura, a cada análise. E sinto que Winnicott tem razão no seu sentimento. Que mentiste, porque aprendeste a fazer poesia de verdade. Ou refazer a poesia materna para encontrá-la nos outros. Eis uma forma estranha e intensa de viver para sempre no coração de um leitor em busca de intriga, sol, fofoca, alegria, beleza. Encontro.

Para isto a poesia quando a vida falha.

Para isto a análise quando a vida falha.

Ela falha sempre, Emily.

A poesia e a psicanálise gostam de tentar repor.

# 2
# PETER PAN – UMA VIAGEM EM TORNO DA TERRA DA PSICANÁLISE*

> Sim, eu entendo. Sem transformação,
> O homem é um lobo sempre que há ocasião. (Keats; Byron, 2009)**

Há quem defenda a arte, a literatura em especial, como uma profecia. Seriam páginas ciganas, lendo destinos nos olhos que leem.

*Vinte mil léguas submarinas* anteciparam a invenção do submarino. *1984*, um mundo mais voyeurista e menos humano.

Até pode ser exagero dizer que *Édipo Rei* profetizou a psicanálise, e Sófocles previu Freud, mas se Freud não visse o que Sófocles vira, a psicanálise seria menos olhada.

A literatura tem algo de tempos fusionados como no inconsciente: presente, passado e futuro na mesma dimensão. Ainda ontem, Shakespeare e Hamlet previram a ambivalência de hoje.

Vê-se depois que toda grande obra prevê. Talvez porque esteja próxima do sonho, que está perto do inconsciente, que fala de um futuro como se fosse passado.

---

* Reescrito a partir de um artigo publicado originalmente na *Revista Latinoamericana de Psicanálise- Calibán*, v, 11, n. 1, 2013.
** Tradução de Augusto de Campos.

J. M. Barrie, com *Peter Pan*, previu. Autor e obra estão banhados de contemporaneidade. Barrie previu na arte o que, anos depois, Golse e Braconnier chamariam cientificamente de "criança sem direito à infância". É o que vemos em famílias mais carentes no plano econômico e o quanto os filhos têm de trabalhar em casa ou na rua. Em famílias mais abastadas o quanto têm de cumprir ferrenha agenda com pouco espaço para o de que mais necessitam: brincar.

Sem direito à infância também pode ser definido como a necessidade de atender aos desejos alheios (parentais) de terceirizar realizações não obtidas e ter de abrir mão dos seus: ser desejado, amado, cuidado. E, novamente, brincar.

Às vezes, um tratamento analítico com uma criança pode ser resumido pela máxima: restituir o espaço de direito à infância através do brincar e da redução da projeção de fantasmas patogênicos dos pais nos filhos.

Freud, literato profeta, previu isto ao descrever os bebês como majestades que surgem para redimir o desejo (narcisista) de seus pais e vivendo o drama de uma vida que não é a sua. Aqui, a Terra do Nunca é o paraíso, a possibilidade de dizer *não* a demandas alheias. Uma defesa que pode se tornar cara como uma neurose, mas com um desejo legítimo na base como uma neurose.

A psicanálise na infância também constrói esta terra onde se recupera a autoria de um desejo. Entre o nunca e o sempre – terra do às vezes –, ela oferece momentos sagrados de encontro e elaboração da independência emocional. Beber do outro para achar a sede em si mesmo.

A falta de direito à infância está presente no começo do livro. O começo de *Peter Pan* não é brincadeira. João, Miguel e Wendy são três crianças inundadas pelas preocupações de seus pais. Não é fácil sustentar uma família na Inglaterra do século XX. Isto é atual. E universal.

Referimo-nos à versão completa (do livro), na exímia tradução para a língua portuguesa, de Ana Maria Machado. Detivemo-nos pouco no cinema. Depois explicaremos por quê.

O embate está criado desde o princípio. Endereçado à alma da criança, constrói a intriga necessária para representar a infância: o bem (Peter Pan, Wendy, seus irmãos, os meninos perdidos) contra o mal (Capitão Gancho, Barrica, Metido a Besta, piratas). Assim, expõe a casca da metáfora de uma intriga maior, com mais lados.

De um lado, o mundo adulto, sem paciência para as crianças. Porque a vida é dura, há despesas, são três os filhos. Porque os adultos cresceram e agora brincam menos. O cotidiano pesa; ele até mata, segundo Maiakovski especificamente e os amantes em geral. Há um exército a postos no princípio da realidade.

Por outro lado, há o desejo de ser criança. Inventar. Perder tempo. Não trabalhar. Tentar fazer o que quer, rançar com o que não quer. O frescor do exército posto no princípio do prazer.

As duas tropas estão em alerta. Olham-se. Examinam-se. Medem forças e são frágeis. Haverá guerra. A guerra da vida e da morte. Da infância e do crescimento. A batalha inevitável de gerações entre a possibilidade de continuar (Eros) e de estancar (Tanatos).

A mãe suficientemente boa (Winnicott, 2002) toma partido das crianças. A empregada, também. A babá, um cachorro São Bernardo, chamado Naná, idem.

Brinca-se com as palavras como em *Alice no país das maravilhas*. Com o sentido como nas boas histórias. A infância também é maravilhosa. Brinca-se com as sombras. A infância também assusta; ela é sombria, vulnerável, dependente.

A luta é dura, a realidade tem ombros largos, momentos de tédio, potencial de destruição prestes a ser maciça; feita de perdas e ganhos, ela dói.

Precisa reforço de gente (matriz de apoio) e de lugar (espaço psíquico) a fim de não perdê-la para a depressão ou a angústia desmesurada. Para perder com tristeza digna (da vida) a fim de voltar a ganhar o que é de direito e desejo.

Aí aparece Peter Pan e sua Terra, dizendo a que veio:

> [...] a Terra do Nunca é, sempre, mais ou menos uma ilha, com manchas surpreendentes de cores aqui e ali, com recifes de coral e embarcações cheias de mastros se fazendo ao largo, com selvagens e covis solitários, com gnomos que quase sempre são alfaiates, com cavernas por onde correm rios, com príncipes que têm seis irmãos mais velhos, e uma cabana que está caindo aos pedaços e uma velha muito velha de nariz torto (Barrie, 2006, p. 15).

O cenário é mais interessante do que a realidade, os números do pai, a prosa do cotidiano. Compõe a poesia da beleza de que precisamos todos, desde bebês. Necessitamos de poesia.

A terra do nunca é um esboço do espaço potencial, descrito por Winnicott (1969b), o mais poeta dos psicanalistas. Ele soube descrever este lugar, onde "[...] não tem distâncias chatas entre uma aventura e outra." (Barrie, 2006, p. 16).

Como se toda segunda-feira fosse o prolongamento do domingo, não se acordasse de manhã cedo, não tivesse dever de casa, tomar banho ou a necessidade de vestir a roupa que não se deseja, escovar os dentes, cumprimentar os padrinhos. Tomar vacina de vez em quando ou leite todos os dias.

Há um detalhe importante. A senhora Darling, mãe das crianças, nunca duvidou da existência de Peter Pan. Soube iludir-se até vê-lo e assim poder iludir. O espaço potencial sucede-se a cada frase: "Se você, ou eu, ou Wendy, qualquer um de nós, estivesse lá acordado nessa hora, teríamos visto que ele era muito parecido com o beijo da senhora Darling." (Barrie, 2006, p. 21).

Trata-se de algo que se constrói entre o eu e a mãe. Está longe dela, mas guarda rastro do seu cheiro como um pano amassado, babado, sujo. É fundamental para as despedidas desta vida.

O psicanalista Pavlovsky também fez poesia ao valorizar a importância de um espaço lúdico, construído na infância e na psicanálise da infância. Ele nasce na brincadeira de um grupo que compartilha a ilusão. Ou na dupla analista-paciente. Internamente, acreditam nela. Externamente, saem fortalecidos. Há sintonia na poesia das frases: "A diferença entre ele (Peter Pan) e os outros meninos, nessas horas, é que os outros sabiam que era faz-de-conta, mas, para ele, faz-de-conta e de verdade eram exatamente a mesma coisa." (Barrie, 2006, p. 102).

Que lição de infância e elogio a ela: "[...] a coisa mais encantadora nele era que tinha todos os dentes de leite." (Barrie, 2006, p. 21). A obra passa páginas mostrando que conhece uma criança, esta que fomos e somos ao acreditar na fantasia para digerir a realidade. Tem de brigar com leões soltos nas ruas, índios nos desfiladeiros, nomear conteúdos sanguinolentos até acalmar-se e encontrar as sereias na lagoa. Evitar metáforas violentas seria desconhecer o que realmente se passa na cabeça de uma criança, repleta de embates terríveis (Mannoni). A literatura as oferece, como a psicanálise.

O livro compreende e descreve a luta. A vitória será a possibilidade de separar-se. De crescer para viver a própria vida. Depois de um encontro, encontrar-se:

– Será que pode acontecer alguma coisa com a gente, mamãe, mesmo de luz acesa?

– Não, meu tesouro – disse ela – Essas luzes são os olhos que as mães deixam quando saem, para vigiar e tomar conta dos filhos. (Barrie, 2006, p. 21).

As boas histórias são necessárias como os olhos de mãe e pai. Seu objetivo principal é o mesmo da luz no corredor: discretamente, acender a presença na ausência. A psicanálise da infância valoriza as histórias e o narrativo. Circula entre a ausência e a presença. Coconstrói representações para elas com a criança e seus pais.

*Peter Pan* conta a história de um menino que não quer crescer. Ficou mais atual ainda, porque tal desejo está presente numa sociedade que perde as referências parentais. Neste caso, a autoridade se torna autoritária. Ou omissa numa sociedade narcisista, que já não aceita envelhecer. Ou morrer. Que elixir da eternidade (aparente) seria mais eficaz para os pais do que ter um filho que não cresce?

Cem anos apagaram a hierarquia necessária à família, moldada pela diferença de gerações. Bem o que faltava a Peter Pan. Bem o que hoje falta e adentra com frequência o consultório do analista. O resultado inverte o sentido, com uma ditadura familiar, gerando crianças tiranas como Peter Pan e a sua profecia. Como na frase:

[...] hoje em dia as crianças sabem tanta coisa que logo deixam de acreditar em fadas. E cada vez que uma criança diz: 'Eu não acredito em fadas', em algum lugar uma fada cai morta. (Barrie, 2006, p. 47).

Ao olharmos para as classes mais humildes, vemos o trabalho infantil, intra ou extrafamiliar. Ao olharmos para as classes mais abastadas, vemos a trabalheira de crianças, tentando dar conta das exigências (narcísicas) de seus pais e submetidas a ferrenhas jornadas de preparação para o futuro: inglês, francês, tênis, ginástica olímpica. E natação. E se afogam no presente, o tempo mais verdadeiro e talvez único (Santo Agostinho) (Ricoeur, 1983).

Nascemos frágeis, dependentes. Para nos defendermos, reagimos com onipotência. Para abandonar a onipotência e sermos suficientemente felizes no amor, no trabalho e na transcendência, onde precisaremos do outro, precisamos brincar que a fada está viva.

Matar uma fada, precocemente, é trágico.

Na contemporaneidade, as fadas estão sendo mortas cedo demais. Já não há tanta latência, período de elaboração entre a infância e a puberdade. Ou, neste sentido, elaboração do luto pela ilusão que se perde. Muitas vezes, o tratamento analítico na infância vem para repor fada e luto. Torna-se guardião deste direito, restabelecendo-o nas sessões com os pacientes e seus pais. As próprias crianças deveriam calar as fadas quando achassem que é a hora. Nesta, os pais não deveriam mandar. Tampouco, os analistas.

Toca-nos em *Peter Pan* o fato de ele chamar as crianças no começo da história. Cada um tem seus motivos para o encontro. O das crianças, a necessidade de criar o mundo da imaginação, fugir dos números dos adultos, do prosaico, do cotidiano, encontrar o outro e a subjetividade. Semear a poesia e a fantasia que dê conta do real e abra os espaços do maravilhoso (Meltzer; Williams, 1994).

O motivo de Peter Pan é mais pungente ainda:

> É que eu não sei nenhuma história, sabe? Nenhum dos meninos perdidos conhece nenhuma história. (Barrie, 2006, p. 51).

A criança que se analisa também quer ouvir histórias. Ela vem para refazer a história de sua vida. Como o adulto, com a diferença que o faz brincando, desenhando, fabulando.

Peter quer ouvir Cinderela. Isto nos comove, porque sugere que na Terra do Nunca, onde tudo se realiza e todos sempre se divertem com direito à infância, ele não pode crescer. Ora, para crescer é preciso ouvir histórias. Somente elas podem nos conter para nos soltar, dar um nome aos sentimentos, construir memórias, consolar do crescimento, da vida e da morte. Para que possamos nos tornar menos despóticos, menos narcisistas, menos onipotentes. E mais humanos (Bettelheim, 1976).

Aqui retomamos a questão prometida de ter pegado o livro e não o filme. E estabelecemos uma possível cronologia nas relações pais-bebê, onde aparece antes o cinema real das trocas corporais; só depois vêm as histórias (as palavras), destino de corpos bem tocados. E, finalmente, o cinema de arte, consequência.

Eis a troca: Peter Pan dá o direito a Wendy, João e Miguel de saírem da realidade, repleta de dependência, morte e construírem o lugar da imaginação, repleto de autonomia e vida. Em troca, recebe o direito de ouvir histórias, achar a sua e sair da condição de menino perdido: "– Tenho ótimas notícias, meninos! Finalmente, eu trouxe para vocês a mãe que todo mundo queria tanto." (Barrie, 2006, p. 98), anuncia aos companheiros, quando traz Wendy.

Peter Pan, os meninos perdidos e a fada Sininho não passavam de crianças abandonadas pela mãe que desejavam reaver. A nossa neurose também é feita de abandonos (traumas, faltas), que a psicanálise historia, faz contar, representa. Preenche. É a sua forma de reaver. A título de exemplo, Peter conta a sua história:

> Achava que minha mãe também ia deixar sempre a janela aberta para mim. Por causa disso, fiquei longe de casa durante muitas e muitas luas, até que um dia voei de volta. Mas a janela estava com grades, porque minha mãe tinha esquecido de mim completamente, e havia outro menininho dormindo na minha cama. (Barrie, 2006, p. 164).

A mãe que dá direito à infância e garante o dever de perdê-la através do encontro com as histórias e o crescimento. Encontro ou reencontro, porque uma sombra da mãe deve ter existido minimamente para que se procure o sol de outra. E, por dentro, nunca seja perdida.

Peter Pan encontrou as crianças ao procurar a sua sombra. Ou a de sua mãe, como no final da história, quando se recusa a ser adotado pela senhora Darling: "[...] Uma senhora bonita, mas não tão bonita como a minha mãe. E ela tem a boca cheia de dedais, mas não tem tantos dedais como a minha mãe tinha." (Barrie, 2006, p. 235).

Ele foi incapaz de tirá-la da idealização, outro objetivo da psicanálise, diretamente nesta fase e com a criança recomposta, em todas as outras. No rastro do mesmo tema, Barrica pergunta a Metido a Besta, auxiliar de Capitão Gancho:

> – O que é uma mãe? (Barrie, 2006, p. 129)

O livro tem a resposta. A título de exemplo, Wendy canta para os seus novos filhos:

> Eu queria uma casinha
> De paredes bem vermelhas,

Linda e pequeninha,
Musgo verde em vez de telhas. (Barrie, 2006, p. 104)

A linguagem tem rimas, prosódia, música, feito mãe e filho constroem a sua casa. Com ritmo e harmonização afetiva (Stern, 1997), ligação nada prosaica e toda musical do que realmente importa e estrutura a relação.

Com a mesma sabedoria, um dos meninos perdidos, o Piuí, precisa de uma figura materna para conter seus sentimentos. Barrie (2006, p. 201) descreve: "E, embora fosse um menino meio bobinho, sabia que a gente pode sempre jogar a culpa nas mães, porque só elas aceitam sempre."

Para terminar a casa, só falta a chaminé, como num conto tradicional. Eles a fazem com o chapéu do João. Ela fica vulnerável (aos lobos à espreita), mas também permeável para entrar e partir (a liberdade à espreita). Crescer é mesmo um risco necessário.

Barrie (2006, p. 107) sabe tanto de mães que faz Wendy reagir ao pedido de maternidade: "Será que eu devo?... – É claro que eu adoraria, ia ser ótimo tentar, mas é meio assustador, sabem? É que eu sou apenas uma menina pequena, não tenho nenhuma experiência [...]".

Wendy compreendeu a ambivalência diante da tarefa impossível (Ben Soussan, 2004) e chega a expressar inveja das solteironas. Barrie (2006, p. 152) dá o direito winnicottiano do ódio: "Às vezes eu acho que criança não compensa o trabalho que dá".

Toda mãe volta a ser uma menina pequena (Bydlowsky, 1997). E consegue fazer a viagem de, a partir de um objeto externo, ocupar a mente (o coração) do filho. Depois, desocupar, concretamente. O trajeto é descrito no encontro de João e Miguel com o Capitão Gancho na guerra.

Gancho, infantil como ele era, tenta seduzir os meninos a fim de engajá-los em sua luta. Eles se entusiasmam, especialmente quando pensam na possibilidade de não fazer prova de matemática. Está quase tudo acertado, agora só falta que eles jurem "Abaixo o rei!".

Recusaram, porque talvez a mãe suficientemente boa era capaz de manter viva a imagem (o nome) do pai (Lacan, 1995). Pouco antes, João havia pedido a Wendy-mãe para ocupar o lugar de Peter-pai, em sua ausência. Mas ouviu: "Sentar no lugar do pai, João? – Wendy ficou escandalizada – É claro que não!" (Barrie, 2006, p. 151).

Barrie (2006) sabe tanto de filhos que faz Peter Pan comentar: "– O que nós estamos precisando é só de uma pessoa simpática e maternal".

Peter compreendeu muito bem o peso de maternar. O quanto pode ser elevado quando baixam as exigências. O quanto se trabalha hoje a parentalidade na psicanálise da criança.

Mãe (substituta) e filhos se encontram. Em seguida, ela passa a inundá-los de limites, mandando-os secarem os pés e irem para a cama. Só haverá tempo de ouvir Cinderela. Eles exultam como uma criança do século XXI ao encontrar esses limites, fornecidos com firmeza e diálogo. E histórias, ou seja, amor.

Agora podem lutar contra o Capitão Gancho, a dependência, o Barrica, o medo, o Metido a Besta, a separação.

A luta é árdua como um crescimento. Tem de descer por árvores ocas. "Um massacre", como descreve Barrie – uns são transformados em estátua ou até mesmo morrem para que outros vivam como os meninos perdidos, agora crescidos.

A guerra foi vencida com inteligência. Ritmo, diria a poesia. Estratégia, diria o exército. Mentalização, diria a psicanálise. Peter Pan faz-se passar pelo crocodilo, imitando o seu tique-taque. Assim confunde e apavora Gancho. Os meninos vencem e acham a mãe ao acharem uma história.

Somos todos uns meninos perdidos até encontrarmos uma história – literária, analítica – que nos represente ou console do que perdemos; do que fantasiamos que perdemos: o braço do Capitão, devorado pelo crocodilo.

Somos todos inundados de crocodilos, castração, realidade. Muitas vezes – ou todas –, somos salvos pela imaginação, que nos ajuda a superar as faltas da vida e da morte, ao contrário do Capitão Gancho, apavorado com o crocodilo como uma criança que não aceita perder, renunciar, crescer. A psicanálise da infância está de olho em tudo isto: fomentar a imaginação e estimular certas renúncias em troca de crescimento.

A atualidade de Peter Pan passa também por ser uma história bem escrita, que nos acolhe. Ela compreende uma criança quando diz: "Sininho não era de todo má. Ou melhor, nesse momento ela estava sendo toda má, mas, por outro lado, muitas vezes era toda boa. As fadas têm que ser sempre ou uma coisa ou outra porque, como são tão pequenininhas, infelizmente só há lugar para um sentimento de cada vez" (Barrie, 2006, p. 74).

A teoria da psicanálise leva páginas e páginas para tentar explicar o que pais e filhos sentem na vida. O quanto, às vezes, somos pequenos demais para tantos e complexos sentimentos. Mas talvez ela ainda seja um dos guardiões dos direitos e deveres de um desejo. Na infância, é. Na literatura, também.

Ainda uma palavra sobre a brincadeira: Peter Pan é uma obra, como os contos tradicionais, sobre o desejo de não crescer. Só depois de brincar disso, Wendy e seus irmãos crescem. Os meninos perdidos também, com exceção de Peter Pan. Ele não quer mãos agarrando pastas ou corpos se dirigindo ao escritório, símbolo da permanência de um lado mais infantil, sem o qual a vida ficaria sem tempero. Mas que seja uma parte, porque, se tomar conta de tudo, acaba no clima trágico da alta conta a ser paga quando não se cresce: "Um menino que tinha vivido inúmeros prazeres que outras crianças nunca terão. Mas que agora estava olhando pela janela para a única alegria da qual ele estava barrado para sempre." (Barrie, 2006, p. 239).

A psicanálise da infância evoca a mãe que ilude e desilude (Winnicott, 1969a). Ela constrói e detém o Peter Pan de cada um, criando condições para a alegria dos encontros, reencontros e novos vínculos. A alegria da transmissão que Wendy proporcionará à sua filha Jane, que o fará com a sua filha Margaret: "O caso é que ela tinha crescido. Você não precisa ficar com pena. Ela era do tipo que gosta de crescer... Os anos se passaram e Wendy teve uma filha. E isto não devia ser escrito com tinta comum, mas com outro líquido" (p. 248).

A trama acolhe a história dos pais que, ao ser contada, encanta e estrutura seus filhos: "Você pulou uma porção de pedaços [...]", reclama Jane, fascinada com esta verdadeira transmissão ("o outro líquido"), que a torna capaz de ir à Terra do Nunca e tornar-se para sempre a mãe de uma menina que, um dia, vá também (Barrie, 2006, p. 251).

Há, no crescimento, o reencontro com pais menos idealizados: "Deixa eu ver papai – pediu Miguel, ansioso, aproveitando para olhar bem. – É menor do que o pirata que eu matei [...]" (Barrie, 2006, p. 237).

A sorte da senhora Darling é pior ainda: "A senhora Darling, a essa altura já estava morta e esquecida." (Barrie, 2006, p. 249).

Pode estar ali um dos aspectos mais importantes e difíceis da parentalidade, retomado pela psicanálise: abandonar narcisismo e idealização para que o crescimento dos filhos (pacientes) realmente apareça. Com autonomia e liberdade. O maior desafio dos pais talvez seja desaparecer por fora para reaparecer por dentro. Para isto, não há pozinho na realidade, mas muito trabalho psíquico. Narrar é fundamental.

Se pensarmos que, no século XXI, estamos lutando pelo direito à infância e pelo retorno do narrador (Benjamin, 1991), eu desconheço uma história mais representativa do que esta.

# 3
# UMA HIPÓTESE E MUITA ARTE A PROPÓSITO DE JOÃO E MARIA*

> Que a vida é morte eu chego a acreditar.
> Mais do que a vida um afazer de ar. (Keats; Byron, 2009)**

Os irmãos Grimm escreveram *João e Maria* muito antes de ontem. Hoje, para as crianças, foi sem segundas intenções. Elas ouvem – ou leem – e vibram de medo, alívio, esperança. Ou com qualquer outro sentimento ainda não catalogado; afinal, toda criança está repleta de transmissões, mas também inaugura um novo mundo a que chega ávida para escrever e ler. Simplesmente, sem rodeios. Os contos sabem disso desde a noite dos tempos.

Diante de história tão representativa do seu mundo interno, as crianças ficam tristes com o abandono na floresta. Ou morrem de medo da bruxa. Ou vivem felizes da vida com o reencontro de filhos e pai depois que a madrasta morre no final feliz. Ou expressam qualquer outro sentimento, presente na vida inédita de uma pessoa. Cada criança é outra pessoa, sentindo o que é só dela. Esta obviedade, infelizmente, ainda é pouco respeitada pelos adultos. A literatura e a psicanálise, se autênticas, tentam restabelecer este respeito.

---

* Reescrito a partir de um artigo publicado originalmente na revista *Norte*.
** Tradução de Augusto de Campos.

Bruno Bettelheim (1976) escreveu sobre *João e Maria*. Para ele, havia segundas intenções no texto dos Grimm. Não me parece sensato, diante da arte, pensar em segundas intenções. Não é assim uma arte de primeira. Tampouco é assim a arte de uma sessão. Mas Bettelheim repensou seus pensamentos, porque era um leitor. Leitores contam com dois aspectos sagrados da vida humana: pensar e repensar a fim do que mais importa: sentir. Na literatura e na psicanálise, as emoções ocupam o primeiro plano.

Em outra parte do seu livro clássico – *A psicanálise dos contos de fadas* –, Bettelheim (1976) revisou-se ao escrever que cada criança se apropria de cada conto conforme as suas necessidades. Lá pelas tantas, ele diz que, com *João e Maria*, os pequenos aprendem uma grande lição: brincar com os símbolos é menos grave do que agir na realidade. Há um mundo de sensatez e esperança na ideia do autor. Eu, por exemplo, a tomo não como bordão ou mensagem, mas um ideal de arte e vida. Também tenho meus ideais e me prescrevo muita literatura – cinema e alguma psicanálise – para tentar administrá-los.

Outra sensata segunda intenção do psicanalista foi interpretar que, no episódio de comerem a casa e serem surpreendidas pela bruxa, as crianças se conscientizam dos perigos de uma voracidade oral descontrolada. De fato, não foi saciar a fome que as salvou e sim a inteligência. Aqui, Bettelheim chegou a um novo *insight*: em que pesem as emoções do primeiro plano, para crescer e viver melhor, é preciso usar a cabeça.

A todas essas, humildemente, tentei conversar com a turma. Não foi fácil, precisei viver e ler um bocado para tentar acrescentar um pouquinho. Olhei e ouvi crianças lendo *João e Maria* e cheguei à conclusão de que as histórias são valiosas por causa do alto teor de seus símbolos.

Uma madrasta. Uma casa feita de guloseimas. Pedaços de pão. Pedrinhas. Tudo abre espaço para que a criança se projete no que precisa e possa sentir – até mesmo o medo – sem pânico. Não há vida digna nem saúde mental sem liberdade para sentir medo, tristeza, alegria. Por isso, os contos clássicos superam certa literatura contemporânea de autoajuda; eles não abrigam a frieza ou a onipotência do conselho, mas o calor de um sentimento. Este sim pode libertar, porque não está ali para resolver, responder, aliviar, mas para oferecer a intensidade da experiência, apontar possíveis novos caminhos para experiências ainda mais amplas. Lembra a experiência analítica.

Libertação é complexidade; por vezes, traz mais angústia, mais medo, não pavor. O alívio pode ser apavorante quando seda e entrega os pontos de amar e sofrer, fazendo um morto-vivo. Enquanto isto fizer sentido, haverá literatura. E psicanálise.

A vida não é fácil, assim como a boa leitura. Fácil é medicar-se, ver vídeos, ouvir conselhos, ler autoajuda, jogar *games* – o mercado sabe disso. Talvez Bettelheim, Lafforgue e outros especialistas já o tivessem dito, mas estou dizendo agora do meu jeito. Ler e escrever são aprender a dizer do próprio jeito. É mais difícil e mais eficaz, outra mensagem dos contos tradicionais.

Winnicott (1969b, 1975), por exemplo, escreveu que o efeito maior dos contos infantis (e das brincadeiras) é abrir espaços potenciais de imaginação e capacidade simbólica. A verdadeira saúde mental consiste em poder imaginar.

Para René Diatkine (1994), significa imaginar para si outra história. Freud (1996c) também tinha dito que os contos populares são fundamentais para a criança, porque lhes oferecem representações – os motivos humanos – de sua vida arcaica, primitiva. Para obter-se alguma saúde mental, é preciso muita representação.

Mas, no ponto em que estamos de olho, a criança cresceu o suficiente para ler a história que os irmãos Grimm escreveram e sobre a qual tanta gente, como Bettelheim ou Freud, escreveu.

A edição de *João e Maria*, da Cosac Naify, parece ter chegado antes desses escritos. Pelo menos de acordo com o nosso sentimento, que passamos a contar. A tradução de Mônica Rodrigues da Costa e Jamil Maluf é competente e nada deve às boas e nem tão boas presentes no mercado. No entanto, não são as palavras que nos invadem durante a leitura. E imaginamos, porque lemos: não são as palavras que farão o sentimento entrar na cabeça dos leitores.

As cerejas do bolo estão no projeto gráfico e nas ilustrações da autora tcheca, Kveta Pacovská. Ela faz uma bagunça bem pensada com formas geométricas, recortes, colagens, cores, desenhos em preto e branco. Ela cria, ousa, realiza arte da imagem e da representação. Ela abre. O resultado inova, e a bruxa impacta o leitor, não por ser assustadora, mas inédita. O novo nos assusta sempre. Aqui não há café passado ou coado e sim leite fresco de primeira mamada, querendo inaugurar sabores na garganta da alma. Nada está saturado, tudo espera que a criança continue.

Por isso, a edição chegou antes. Ela conserva um texto legitimado, mas aprofunda o aspecto visual. O tempo, com seus séculos, já oficializou a obra dos Grimm como arte. O que Pacovská realiza é outra arte – a dela, agora nossa – para conversar com a existente.

Isto bastaria para justificar o projeto, especialmente numa área – a literatura – que pede emoções, implicações e dispensa explicações. Como a própria autora afirma, "as imagens de um livro ilustrado são a primeira galeria de arte que uma criança visita".

Os irmãos Grimm, ao contrário de Perrault, tinham nas crianças o seu primeiro público-leitor. Aí é que o projeto antecipa-se, porque, no desenvolvimento de uma criança, bem antes dos escritos (de Freud, Bettelheim, Winnicott), as imagens aparecem sob a forma de vivências, pictogramas, sensações à espera de palavras. É no ritmo do encontro com a figura materna – com arte, imagem, música – que se constroem as condições para que um dia o texto escrito venha. Depois, isto pode ser reproduzido com a leitura. Ou com a transferência, na psicanálise.

Já sabemos que a aquisição da linguagem oral e escrita está diretamente relacionada à qualidade dos encontros visuais, sonoros, táteis, olfativos (afetivos) na primeira infância. O olhar decide. O desejo decide. O cheiro. Se forem intensos, se predominarem como agradáveis, o verbo se fará presente. É só esperar, procurar, encontrar. Com ritmo e sintonia.

Começamos quietos. Se bem cantados, cantamos também. Tocados, tocamos. Como a arte. Como a arte de Kveta, que em vários trechos dispensa o texto dos Grimm, assim como o bebê dispensa o sentido da prosódia, reencontrado mais adiante, depois de muitas sensações. Sensações são vitais para um bebê e para o leitor bebê dentro de todos nós. Para sempre.

A hipótese, enfim, é esta: sem arte (literatura, ilustração), não há desenvolvimento. Sem estética ou ritmo, na relação das crianças com as coisas e as pessoas, a vida não se escreve, a linguagem não vem, ou vem pobre. Vem daí a edição sugerindo: deleitem-se com as imagens, crianças, vibrem com as formas do novo (todo bebê é novo), sejam cheiradas, olhadas, que o texto (a palavra) virá naturalmente.

Agora está escrito. Se a hipótese estiver furada, que fique a beleza firme das imagens, acima de qualquer hipótese. A melodia, a música materna. Encontros são definitivos, hipóteses comprovadas. O encontro de um amor, um livro, um analista.

E dure para os novos séculos a arte de um conto atualíssimo, *João e Maria*, com duas crianças tentando encontrar palavras para expressar um abandono que é delas e de todos nós.

# 4
# O APANHADOR NO CAMPO DA ADOLESCÊNCIA*

> Eu sou a carne louca que freme ante a adolescência
> impúbere e explode sobre a imagem criada.
> (Moraes, 2009a)

Lembro-me de duas vezes em que *O apanhador no campo de centeio*, de J.D. Salinger (1945), entrou na minha vida. Um livro entrar na vida significa confundir-se com ela. Ou, como já nos disse o poeta Walt Whitman (1983), tocar a vida quem o estiver tocando.

Toco a vida sempre que leio *O apanhador* ou evoco a adolescência.

E começarei pela segunda vez, porque pode ser exemplificada por trechos do próprio livro. Quero trazer muitas passagens para que a obra, como um adolescente que vai bem (apesar das aparências), possa falar por si.

A primeira vez foi pesada, na adolescência mesmo. Eu já tinha sido mordido pelo bicho da literatura e ostentava lesões estéticas por toda a pele. Pior, por dentro. Para tratá-las, seguia à risca as prescrições do escritor Antônio Augusto Mariante Furtado, meu primeiro terapeuta. Ele não hesitava em prescrever livros. Foi quando me recomendou

---

* Reescrito a partir de um artigo publicado originalmente na *Revista da Sociedade Brasileira de Psicanálise de Porto Alegre*.

*O apanhador*, mas, como avisei, esta parte fica para o final. Comecemos pelo começo, com o perdão da redundância.

A segunda vez faz parte das recentes. É quando, profissional mais ou menos estabelecido, se é que isto existe (a adolescência nunca nos abandona completamente), pedem-me bibliografia para estudar o tema. Começo com as básicas, Peter Blos, Arminda Aberastury, Marcelli, Gutton, Osório, Winnicott, Freud, Jeammet. Mas no final acrescento: a literatura chegou antes da psicanálise e, se querem mesmo conhecer a vida mental de um adolescente, leiam *O diário de Anne Frank*, *Alice no país das maravilhas*. E *O apanhador*:

> Se querem mesmo ouvir o que aconteceu, a primeira coisa que vão querer saber é onde eu nasci, como passei a porcaria da minha infância, o que meus pais faziam antes que eu nascesse [...] (Salinger, 1945, p. 7).

Ou pouco mais adiante: "Era um colégio horrível, sob todos os pontos de vista." (Salinger, 1945, p. 8). Assim o livro começa, com uma sucessão de cenas bem-construídas e como ótimo referencial para quem pensa a adolescência. Não há como adolescer sem rebelar-se contra a infância (a morte da infância). E, real e fantasmaticamente, ver o que houve de ruim. Quem a segue idealizando não adolesce. Nem cresce. Não mata os pais e não se mata, no sentido metafórico, para renascer adulto realmente.

Tampouco há como compreender um adolescente (uma criança, um adulto) sem compreender seus pais, estes que precisam em parte ser mortos. O núcleo de uma adolescência é triste. Tem a separação da infância e dos pais da infância (Aberastury; Knobel, 1981). Mas, para Salinger (1945), há muito mais. Na literatura, sempre tem mais.

Ainda no começo, o protagonista comenta o lema da escola Pencey, que acaba de expulsá-lo: "Desde 1888, transformamos meninos em rapazes esplêndidos e atilados [...]" (Salinger, 1945, p. 8). E diz: "Pura conversa fiada".

Típico adolescente, capaz de questionar o mundo, ver seus furos, falhas e insuficiências, sobretudo, nos representantes da autoridade. Ele tem a força que tinha Anne Frank (1985, p. 109) ao dizer: "Um homem de cinquenta e quatro anos que ainda tem hábitos pedantes e mesquinhos. Foi a natureza que o fez assim e ele não se corrigirá jamais."

Ou *Alice no país das maravilhas*, tentando fugir do mundo absurdo dos adultos e enfrentando a arrogante Rainha de Copas: "Não é minha culpa, eu estou crescendo." (Carroll, 2007, p. 152) como quem dissesse na entrelinha: "Crescendo e vendo melhor o lugar imperfeito que me deixaram.".

Alice foi expulsa do mundo maravilhoso. Teve de voltar à realidade. Anne Frank foi morta literalmente pelos nazistas. E Caufield, mandado embora do Pencey: "Esqueci de falar sobre isso – eu tinha sido chutado do colégio." (Salinger, 1945, p. 9).

Chutamos adolescentes que nos lembram diariamente a perda da criança dentro de nós; em especial a do esplendor, levado pelo tempo; pior, colocado nos jovens. Diante deles, perdemos a capacidade de mandar e controlar como tínhamos com as crianças no começo de suas vidas. Diante da juventude, estamos mais próximos do futuro e da morte.

A adolescência corresponde à época em que é saudável a rebeldia. Para romper. Para escapar ao comando. Para encontrar a própria identidade. Ser cínico como Caufield era, fumar como ele fumava, tatuar-se como hoje. A psicanálise compreende isso. Ela também é rebelde como o personagem ao descrever o encontro com o diretor Spencer, no começo do livro:

> É isso que eu queria dizer: tem gente velha pra chuchu, como o velho Spencer, que fica na maior felicidade só porque comprou um cobertor. (Salinger, 1945, p. 12).

Ou mais adiante:

> Ele estava lendo a revista Atlantic Monthly, havia pílulas e remédios espalhados por todo canto e o quarto inteiro cheirava a vick-vaporub. Era um bocado deprimente [...] (Salinger, 1945, p. 13).

É deprimente olhar o mundo sem maravilhar-se como na infância. Começar a ver a vida como ela é, pais e autoridades como eles são, humanos, falhos, longe do que se idealizou na ilusão necessária dos primeiros tempos. É difícil questionar a vida e suas personagens, como faz o adolescente quando está bem, ou seja, meio mal.

O tom permanece. Não há como separar-se sem tristeza ou raiva. A adolescência separa. Caufield, entre 16 e 17 anos, mostra-se como Anne Frank com um pouco menos. Ou Alice com a sua idade indeterminada:

combativo, cínico, sarcástico, lúcido, questionador, capaz de vislumbrar os defeitos do mundo. Exemplos não faltam:

> Perna de gente velha na praia é sempre branca e sem cabelo [...] (Salinger, 1945, p. 13).

Muito me diverti nas areias de Santa Catarina. Já era adolescente e buscava pernas mais interessantes, menos engraçadas.

> Jogo uma ova. Bom jogo esse. Se a gente está do lado dos bacanas, aí sim, é um jogo – concordo plenamente. Mas se a gente está do *outro* lado, onde não tem nenhum cobrão, então que jogo é esse? Qual jogo, qual nada [...] (Salinger, 1945, p. 14).

Muito me entristeci ao dar-me conta das injustiças do mundo. "Excelente. Se há uma palavra que eu odeio é essa. Falsa como quê. Só de ouvir me dá vontade de vomitar." (Salinger, 1945, p. 15).

São trechos expressivos desta fase do ciclo vital. A adolescência, às vezes, nauseia. O livro expressa lucidez, visão privilegiada, capaz de descortinar um mundo aquém, imperfeito: "Uma das razões mais importantes para minha saída do Elkton Hills foi que o colégio estava entupido de hipócritas." (Salinger, 1945, p. 18).

A primeira cena abarca o diálogo de Holden Caulfield com o diretor da escola. Ali ficamos sabendo que se trata da quarta expulsão. Ele é mesmo um aluno-problema, ou seja, machucado e sensível.

O diretor quer ajudá-lo. Caulfield comenta: "E estava mesmo, isso a gente podia ver. Mas o caso é que vivíamos em mundos diferentes" (Salinger, 1945, p. 19).

A percepção da adolescência como um mundo diferente faz de *O apanhador* uma obra ícone para a compreensão do período e suas idiossincrasias. Conhecer essa fase da vida é adentrar o incomunicável de quem luta desesperadamente pelo encontro de representações no meio do caos.

Está tudo ali: a intolerância à injustiça, a vida mental cheia de ideais, a capacidade de crítica. Como diante da hipocrisia de uma homenagem a um ex-aluno que enriqueceu como agente funerário: "Pelo jeito, ele provavelmente enfiava os cadáveres num saco e jogava tudo no rio." (Salinger, 1945, p. 21).

O grande amor é dos adolescentes. Também pertence a eles a utopia social. Revolucionários costumam ser jovens. Depois vem o desgaste e, mesmo que a maturidade acrescente algo, a flama precisa ser resgatada nesse período.

Uma das dificuldades da adolescência passa pela visão de mundo, que acaba de ampliar-se, mas a realidade revela um abismo distante dos ideais ainda recentes da infância. Há no crescimento a dialética entre conformar-se ou não. A propósito, no final da história, ao lado da irmã, Caufield olhará com tristeza as crianças pequenas no carrossel. A metáfora sugere que mover-se e crescer soa alegre e triste. Há de ser mais difícil ainda adolescer numa Sociedade que cobra alegria permanente.

Mas Caufield é leitor. Sabemos o quanto na adolescência a palavra dos pais perde a autoridade ou a aura (Benjamin, 1991). A palavra literária pode ocupar o vácuo nos casos mais bem-sucedidos (Rassial, 1996). Precisamos de palavras, representações, especialmente em situações-limite como nas transições.

É o caso do protagonista, que vibra como criança com o pum de um colega durante um discurso adulto e monótono. Aqui a literatura se mostra capaz de trazer as palavras para suplantar grunhidos, flatos, o arcaico escatológico e irrepresentável da existência. Psicanálise é isso. Literatura, também. O livro está repleto de referências narrativas da literatura ao cinema e à música.

Não é fácil representar (falar, simbolizar), na adolescência, assim como não era no começo da vida:

> De repente – na verdade sem nenhuma razão, a não ser que estava com vontade de fazer movimento – me deu vontade de pular da pia e dar uma gravata no Stradlater. Caso alguém não saiba, uma gravata é um golpe de jiu-jítsu em que a gente pega um sujeito pelo pescoço e pode estrangulá-lo se quiser. (Rassial, 1996, p. 34).

Na cena seguinte, ele sai chutando o que vê pela frente. Não é fácil falar na adolescência. Quase retomei o judô quando trabalhei num hospital-dia para adolescentes na França. Optei por seguir a intuição de minhas representações mentais. Não sei se a história vem ao caso, mas louva a percepção de Salinger sobre o mundo hipercinético, baseado em descargas motoras, ainda em busca de palavras, neste período.

Claro que não retomei. Precisava era achar as frases para ajudar os adolescentes a acharem também. Atrelado a isto, observamos a impulsividade típica da fase: "Não perdi tempo ouvindo o resto. Fechei a droga da porta e saí para o corredor." (Rassial, 1996, p. 54).

No mesmo sentido, ao marcar encontro com uma garota, ao que ela lhe oferece o dia seguinte, ele responde: "Só posso hoje à noite" (Rassial, 1996, p. 69).

Trata-se de um tempo peculiar. Evoca o dos bebês, com a construção de uma identidade narrativa (Ricoeur, 1983). O tempo volta a ser tema, esfacelando-se, "desistoriando-se", na premência de ser na hora, sem antes nem depois. Impulsivo. A mentalização claudica entre o excesso e a falta. O adolescente reencontra psicologicamente o bebê, e isso dói (Golse; Braconnier, 2008).

Ao longo da história, ficamos sabendo que Caufield é o segundo filho de uma abastada família americana. O pai é advogado, legítimo representante de um capitalismo voraz. Há mais ternura na descrição da mãe. O irmão mais velho tenta a carreira de roteirista em Hollywood; um desperdício, para o crítico Holden. Phoebe, a caçula, mora com os pais.

No começo, apreendemos a morte (por leucemia) de um irmão, dois anos mais moço. A tragédia serve, grosso modo, para compreender a revolta de Caufield, mas também é a metáfora da adolescência como um período marcado pela sombra do fim da infância, dos pais da infância, do corpo da infância. Eis outro par paradoxal: a coexistência de cadáveres e bebês, fim e começo.

A morte é um tema presente (negada, flertada), mas tem ali outro carro-chefe, ainda mais premente, o sexo:

> A maioria dos caras no Pencey só fazia falar o tempo todo sobre relações sexuais com as garotas – como o Ackley, por exemplo – mas o Stradlater era pra valer. Eu conhecia pessoalmente pelo menos duas garotas com quem ele tinha andado. Essa é que é a verdade [...] (Salinger, 1945, p. 52).

Ou:

> [...] O Stradlater continuava a passar a cantada com aquela voz mais sincera do que do Abraão Lincoln, e no fim houve um silêncio horrível no banco de trás. Foi realmente emba-

raçoso. Não acredito que ele tenha feito o serviço na garota naquela noite, mas chegou perto. Perto mesmo [...] (Salinger, 1945, p.53).

O sexo vem e volta como no trecho impagável em que Caufield pega o trem para Nova York e reflete: "Sou doido por mulher. No duro. Não que eu seja nenhum tarado nem nada, embora seja bastante macho. O negócio é que eu gosto mesmo das mulheres [...]" (Salinger, 1945, p. 58). Ou mais adiante: "Na imaginação, sou provavelmente o maior tarado sexual que existe [...]" (Salinger, 1945, p. 66).

Há que administrar o caldo de hormônios, desejos, insegurança. A necessidade de se identificar e afirmar-se. Tudo imaginado, nada vivido, mero projeto cercado de medos (homossexuais, heterossexuais) por todos os lados. Tem sempre o outro (o quintal do vizinho? Testemunha necessária?) capaz de contar peripécias:

> O Luce velho de guerra. Que sujeito! Foi indicado para ser o meu conselheiro no Whooton. Mas a única coisa que fez, o tempo todo, foi fazer conferências sobre sexo, altas horas da noite, quando uma turma grande se reunia no quarto dele. Entendia um bocado de sexo, principalmente de tarados e esse negócio todo [...] (Salinger, 1945, p. 140).

Com o mesmo Luce, há outro momento exemplar. Caufield revela um problema a seu consultor: só consegue excitar-se com uma garota de quem gosta muito. É mesmo um problema, diz o especialista, e o aconselha a consultar um psicanalista. Gosto do diálogo, porque sugere uma distorção em torno da psicanálise, vista como algo feito para adaptar--se e não se rebelar como se rebela o falso sintoma de Caufield – e, no fundo, os sintomas verdadeiros –, que é saudavelmente conter-se diante de quem não se gosta ou, em outro extremo, de quem se gosta mais do que a neurose permite. Psicanalisar é conhecer desejos e limites, amparado na ideia de que o conhecimento abre possibilidades de realização.

Caufield decide ir à Nova York. Sente-se cansado, quer dar um tempo, espera que seus pais recebam e digiram a notícia da expulsão. Aqui tem outra passagem expressiva. Ao arrumar os patins que ganhou da mãe, sente-se culpado. E diz: "Quase todo presente que me dão acaba me deixando triste [...]" (Salinger, 1945, p. 55).

Tem muita tristeza – posição depressiva – na adolescência. E sentimento de culpa. Difícil senti-los, nomeá-los como tentamos na análise. Eles percorrem as reflexões, ao longo do livro, como ao longo da adolescência. Mais adiante, dirá: "As duas (freiras) estavam tomando só café com torradas. Já isso me deprimiu. Odeio estar comendo bacon com ovos ou qualquer outra coisa, e ver outra pessoa tomar só café com torradas." (Salinger, 1945, p. 110).

Penso que Salinger não doura a pílula do momento, período de sensibilidade entre o inferno paradisíaco dos afetos loucos e o paraíso infernal da lucidez. Portanto, as consultas podem se beneficiar ao abrir espaço para ouvir e contar aos pais a realidade que Salinger conhecia em sua ficção: espera-se que a adolescência seja triste. E tenha muita solidão em meio a tanta companhia.

Caufield chega a Nova York e se hospeda sozinho num hotel barato. As sucessivas narrativas mostram um rapaz no esplendor de sua forma irônica:

> O empregado que me levou até o quarto devia andar pelos sessenta e cinco e conseguia ser mais deprimente do que o próprio quarto. Era um desses carecas que penteiam todo o cabelo de lado por cima da cabeça para tapear. Eu preferia ser careca de uma vez a fazer um troço desses. (Salinger, 1945, p. 65).

Caufield sente vontade de falar com a irmã caçula. Ele a adora e a descreve com ternura como fazem os adolescentes, por debaixo da casca áspera que criam para se defender. São soldados entre o combate da transição mortífera e o cenário do amor vivo, (re)nascente. Ele descreve a irmã como bela, magra, inteligente, ao contrário dele, que se sente burro e feio. Como um adolescente.

Caufield, tal qual Anne Frank e Alice, vive a exclusão de quem já não é mais criança e ainda não entrou no mundo adulto. Está no limbo, na terra de ninguém. Talvez a metáfora disso seja estar longe de casa, sozinho no hotel. O adolescente sai de casa, desloca-se para a rua; antigamente era afeito a hotéis; hoje, a postos de gasolina.

Caufield mostra-se observador ao dançar com a loura interiorana na boate do hotel. Ali aparece outro traço fascinante do período, a capacidade de apaixonar-se e o frescor ao viver as paixões:

Aí é que está o problema com as garotas. Toda vez que elas fazem um troço bonito, mesmo que não sejam lá nenhum tipo de beleza ou mesmo que sejam meio burras, a gente fica apaixonado por elas, e aí não sabe a quantas anda. Garotas. Puxa vida, elas deixam a gente louco. Deixam mesmo [...] (Salinger, 1945, p. 75).

A capacidade de apaixonar-se, ouro da existência humana, será cada vez mais difícil ao longo da vida. Caulfield, como todo bom adô, é um filósofo da paixão. Move-se teoricamente com propriedade nos temas do amor e sexo. Fala muito até que, à chegada de uma prostituta, no hotel de Nova York, confessa ao leitor que é virgem. E continua, porque, mentalmente saudável apesar de tanto hormônio, espera do amor algo mais do que o ato sexual.

Ao resgatar a história com Jane, observa:

> Vivíamos o tempo todo de mãos dadas, por exemplo. Não parece grande coisa, reconheço, mas era fabuloso ficar de mãos dadas com ela. Quando estão de mãos dadas com a gente, a maioria das garotas deixa a mão morrer dentro da mão da gente, ou então acham que têm de ficar mexendo os dedos o tempo todo, como se estivessem com medo de estar chateando a gente ou coisa que o valha [...] (Salinger, 1945, p. 81).

Tudo gera questão, filosofia. Há uma profusão de faltas, tentando preencher-se. As situações mostram a adolescência como um momento em que as ilusões da infância se entregam a um mundo limitado (longe dos ideais) e de convenções: "Estou sempre dizendo: 'Muito prazer em conhecê-lo' para alguém que não tenho nenhum prazer em conhecer. Mas a gente tem que fazer essas coisas para seguir vivendo [...]" (Salinger, 1945, p. 89).

Como há renúncia! Pouco é descrito, nos tratados de psicanálise e psiquiatria, o peso de abrir mão da sinceridade infantil para adentrar o terreno lodoso das pequenas concessões cotidianas e cínicas do mundo adulto.

Considero exemplares os sentimentos de Caufield depois do sexo malogrado com a prostituta. Ele diz que se sente deprimido e começa a conversar com o irmão Allie (morto) para aplacar um sentimento de culpa. Sim, depressão, morte e culpa são assíduas na adolescência, período marcado pelo luto.

São também impagáveis os momentos em que Caufield se refere à religião. Como um adolescente cáustico, ele questiona as instituições de um mundo adulto que insiste em recebê-lo e no qual hesita em entrar:

> Gosto de Jesus e tudo, mas não dou muita bola para a maioria das outras coisas da Bíblia. Os Apóstolos, por exemplo. Pra falar a verdade, os Apóstolos são uns chatos. Depois que Jesus morreu e tudo eles trabalharam direitinho, mas enquanto Ele estava vivo, não serviram pra nada. Deixavam Ele na mão o tempo todo [...] (Salinger, 1945, p. 100).

Em suas peripécias, apanha na escola, é expulso, foge, não volta para casa, hospeda-se sozinho no hotel, brocha com uma prostituta, apanha de um cafetão. Aos olhos de uma psiquiatria mais clássica, poderíamos diagnosticá-lo como portador de um transtorno de conduta. Aos olhos de uma psicanálise mais selvagem, poderíamos diagnosticá-lo como submetido a um Supereu severo em busca de punição.

Tentando compreendê-lo melhor, podemos chamar isto de um sintoma, o relato enviesado de uma história com o significado de alguém tentando se livrar da dependência dos pais a ponto de transferi-la para o cigarro e para a bebida como um adolescente contemporâneo. Como quem quer agarrar a vida onde ela mais existe, na autonomia, na liberdade, no encontro do que se é, liberto das piores partes da educação. Como quem ainda procura palavras – a história que conta – para substituir tantos atos que comete.

Mas a vida não vem sozinha ou pura. Ela carrega seu contrário, sua contradição, o "doxo" do paradoxo (Barthes, 2010). Ou sua ambivalência, conforme a psicanálise. Tudo encobre a brutal solidão, com companhia. A vontade de morrer encontra a vontade de viver:

> Provavelmente teria pulado mesmo, se tivesse a certeza de que alguém ia me cobrir assim que eu me esborrachasse no chão. Não queria é que um bando de imbecis curiosos ficasse me olhando quando eu estivesse todo ensanguentado [...] (Salinger, 1945, p.105).

Caufield, adolescente dos anos 1940, é influenciado pelo cinema como um adolescente do século XXI, pelos vídeos. Salinger retoma a atitude crítica do jovem ao longo de todo o livro. Em sua peregrinação, de volta à Nova York, o protagonista consegue expressar-se no encontro com a garota Sally:

> Detesto viver em Nova York e tudo [...] A maioria das pessoas são todas malucas por carros. Ficam preocupadas com um arranhãozinho neles, e estão sempre falando de quantos quilômetros fazem com um litro de gasolina e, mal acabam de comprar um carro novo, já estão pensando em trocar por outro mais novo ainda. Eu não gosto nem de carros velhos. Quer dizer, nem me interesso por eles. Eu preferia ter uma droga dum cavalo. Pelo menos o cavalo é humano, poxa (Salinger, 1945, p. 129).

Salinger concede ao *O apanhador* um ar de crítica ao *american* e capitalista *way of life*. Este corrói a alma, desumaniza. Ninguém é mais crítico a um sistema do que o adolescente com a sua hesitação entre rebelar-se ou adaptar-se. Ele quer viver os sentimentos e não se entregar a uma sociedade narcisista, que os abafa. Todas as instituições são alvo de seu olhar ferino, e as críticas se sucedem apontadas em várias direções (escola, exército, Igreja).

Assim é Holden Caufield, adolescente em busca de amor e amigo, atormentado pelos pensamentos e conflitos, aliviado por referências a filmes, livros e cuja agitação lembra o sintoma de uma criança quando envia, através do corpo, mensagens, chamados, textos. Neste sentido, o psicanalista é um leitor e formador de leitores junto aos pais. Ele oferece possibilidades de representações, como faz a literatura.

Assim é Holden Caufield, adolescente que padece de uma solidão terrível, apartado da família, tomando fora das gurias (Sally, Jane), tomando frio no Central Park, com medo de morrer e ainda assim capaz de criticar a maneira de os adultos lidarem com a morte, bem como fizera com a vida:

> Puxa, depois que a gente morre, eles fazem o diabo com a gente. Tomara que quando eu morrer de verdade alguém tenha a feliz ideia de me atirar num rio ou coisa parecida.

Tudo, menos me enfiar numa porcaria dum cemitério. Gente vindo todo domingo botar um ramo de flores em cima da barriga do infeliz, e toda essa baboseira. Quem é que quer flores depois de morto? Ninguém [...] (Salinger, 1945, p. 151).

Salinger ilumina Caufield com a noção do que se perde na passagem da infância para a vida adulta. E o faz com inteligência, diluindo as ideias em imagens: "É gozado, os adultos ficam horríveis quando estão dormindo de boca aberta, mas as crianças não. As crianças ficam cem por cento. Podem até ter babado no travesseiro, que continuam cem por cento [...]" (Salinger, 1945, p. 155).

Caufield volta para casa, mas não quer ser visto pelos pais. Tem medo das represálias. Engambela um porteiro novo, entra sorrateiramente e o reencontro com Phoebe é comovente. Consegue ser com ela o adulto que ainda não pode ser para o mundo: "Talvez ele goste de você. E isso não é motivo para derramar tinta [...]" (Salinger, 1945, p. 160), repreende-a por suas molecagens com um garoto.

Lá pelas tantas, ela rebate: "Você não gosta de nada que está acontecendo [...]" (Salinger, 1945, p. 165). Ele tenta disfarçar por fora, mas por dentro sentiu-se compreendido: "Quando ela disse isso fiquei ainda mais deprimido".

Ficou é triste, saudavelmente triste. A tristeza faz parte da adolescência como da vida em movimento. Recomendável senti-la para não agi-la tanto. Para não ficar tão deprimido; apenas triste. No meio de tantos progressos científicos, o medicamento mais eficaz ainda é a compreensão, o apoio, a retomada da história para o preparo de novas tramas.

Vem deste encontro a metáfora mais bonita e que dá nome ao romance. Phoebe insiste em que o irmão diga o que quer fazer na vida. Ela está chateada com a descoberta da expulsão. Caufield diz que adoraria trabalhar num campo de centeio com meninos brincando sem nenhum adulto por perto. A sua função seria salvá-los quando se aproximassem do abismo. Ele seria, entre crianças, o apanhador no campo de centeio.

Anos a fio, repenso a metáfora. Ela me acompanha e guardo várias interpretações para ela. Sublime, supera todas as minhas explicações, que dispenso. Salinger escreve um livro capaz de figurar o mundo de um adolescente cheio de infância por tudo e com toda a vida pela frente. Sucedem-se frases como esta que desfere ainda no reencontro com a irmã: "Fui eu que lhe ensinei a dançar e tudo, quando ela era bem pequeninha. Ela dança muito bem. Eu só tinha ensinado umas coisinhas, o resto ela aprendeu sozinha mesmo. É impossível a gente ensinar tudo a alguém [...]" (Salinger, 1945, p. 170). O reencontro termina com a chegada dos pais. Caufield precisa sair sem ser visto. A irmã o acoberta. Ele pede algum dinheiro, e ela entrega as suas economias para os presentes de natal. Então, pela primeira vez, após sucessivos desencontros com o mundo, Caufield consegue chorar. O encontro com a irmã ajudou. Também nisso a história é a apologia de uma psicanálise com o adolescente, que chega desencontrado, sem saber o que fazer com a dolorida lucidez. E, triste disso, precisa chorar.

Todo psicanalista necessita ter algo de Phoebe no sentido de acolher histórias e ajudar a contá-las com palavra e lágrima. Ao final, ele reencontra um professor – Antolini –, o único que "se salvara" no Pencey. Um dos temas do encontro consiste em algo pouco mencionado entre os temas fundamentais da adolescência: a subjetividade. Ou o acesso a ela. Vê-se valorizada, com frequência, nos estudos sobre os bebês, mas raramente mais tarde (Golse, 2003) com a necessidade de enfrentar as nuanças, a complexidade, a representação dos paradoxos, ausentes de uma infância mais maniqueísta e binária como nos contos tradicionais (Propp, 1970).

Talvez a adolescência, na aquisição de mais história (o fundo de memória, de Piera Aulagnier, 1991), possa deixar o conto para alcançar o romance. A propósito, Caufield diz: "Gosto que a pessoa seja objetiva e tudo. Mas não gosto que seja objetiva demais. Não sei. Acho que não gosto quando a pessoa é objetiva o tempo todo [...]" (Salinger, 1945, p. 178).

O encontro com o professor é decisivo. E quase salvador. Trata-se de um homem jovem, que fuma muito e se dá bem com a mulher. Ele também deixa fumar. Não é perfeito nem idealizado. Parece estar de bem com a vida e pronto para acolher quem precisa. Evoca o perfil de um analista, pelo menos até antes do deslize, mas o Outro, na realidade do que não é idealizado, sempre desliza.

Fosse um livro de autoajuda, Antolini daria receitas, pregaria lições de moral. Mas se limita a expressar: "Francamente, Holden, não sei o que lhe dizer [...]" (Salinger, 1945, p. 181). Demonstra a capacidade negativa a que se referiu Bion (2006) como fundamental a um analista, que precisa tolerar não saber. Em seguida, acrescentou: "Tenho a impressão de que você está caminhando para alguma espécie de queda... uma queda tremenda. Mas, honestamente, não sei de que espécie... Está me ouvindo?".

Ele quase salva, porque sabe contar e ouvir. E talvez baste. Este sujeito entende que o adolescente tem algo valioso, a capacidade de criticar um mundo criticável (por um lado), odiar um mundo odioso (por um lado). A queda a que se refere pode ser o trabalho a ser feito para atravessar o momento difícil. Ele compreende. Não diagnostica nem medica. Feito um psicanalista, acompanha e busca representações para os estados da alma dolorida. Meterá os pés pelas mãos só no final. No começo e no meio, comove:

> Esta queda para a qual você está caminhando é um tipo especial de queda, um tipo horrível. O homem que cai não consegue nem mesmo ouvir ou sentir o baque do seu corpo no fundo. Apenas cai e cai. A coisa toda se aplica aos homens que, num momento ou outro de suas vidas, procuram alguma coisa que seu próprio meio não lhes podia proporcionar. Ou que pensavam que seu próprio meio não lhes poderia proporcionar. Por isso, abandonam a busca. Abandonam a busca antes mesmo de começá-la de verdade. (Salinger, 1945, p. 182).

Desconheço definição de adolescência melhor do que esta. Triste, mas não pessimista. Antolini insiste com Caufield para saber se está sendo ouvido. Ele sabe o valor da palavra para um adolescente. O valor de um diálogo. Ele fala que se valerá de um psicanalista (Wilheim Stekel) e não de um poeta para dizer o que precisa: "A característica do homem imaturo é aspirar a morrer nobremente por uma causa, enquanto a característica do homem maduro é querer viver humildemente por uma causa [...]" (Salinger, 1945, p. 183).

As suas palavras se sucedem e acendem a luz na escuridão de Caufield:

> Entre outras coisas, você vai descobrir que não é a primeira pessoa a ficar confusa e assustada, e até enojada, pelo comportamento humano. Você não está de maneira nenhuma sozinho nesse terreno, e se sentirá estimulado e entusiasmado quando souber disso. Muitos homens, muitos mesmo, enfrentaram os mesmos problemas morais e espirituais

que você está enfrentando agora. Felizmente, alguns deles guardaram um registro de seus problemas. Você aprenderá com eles, se quiser. Da mesma forma que, algum dia, se você tiver alguma coisa a oferecer, alguém irá aprender alguma coisa com você. É um belo arranjo recíproco. E não é instrução. É história. É poesia [...] (Salinger, 1945, p. 184).

Também é transmissão, psicanálise, hoje mais preocupada com o ritmo e a narração do que com o conteúdo (Wallerstein, 1988). Só a poesia traz à tona (Quintana, 2005). Caufield ouve com certo desânimo e sono (resistência?). Ao final, enquanto arrumam o sofá em que irá dormir, o jovem consegue dizer o que queremos para as figuras fundamentais de nossa existência: "O senhor e a senhora Antolini salvaram mesmo a minha vida hoje [...]" (Salinger, 1945, p. 185).

Disse bem: hoje. Depois, o encontro degringola. Holden acorda no meio da noite com o senhor Antolini fazendo carícias em sua cabeça. Era um abuso? Um carinho? Era um ato insano sob o efeito do álcool? Metáfora de que, na adolescência, não se doura a pílula, a solidão da independência é sepulcral e dura até o fim? Era uma fantasia do jovem? Contratransferência insuportável de um velho que fala sobre esperança para alguém que ainda pode tê-la quando, maior parte da vida finda, ele já não pode ter mais?

Caufield nunca saberá. Nem nós. Mais uma dessas questões de eterna releitura, típica dos clássicos abertos como Dom Casmurro com Capitu e Bentinho. Ou Romeu e Julieta. Ou Édipo. Caufield parte novamente, dorme na estação do metrô. A solidão atinge o seu ápice. A compreensão de uma adolescência também, porque agora o corpo acolhe os males da alma com o séquito de manifestações somáticas de toda adolescência. Ele revela o medo de ter câncer (como o irmão), sofre de despersonalização, desrealização, o diabo físico movido pela alma. O seu radar está certo: o mundo inóspito o invade. Como uma doença.

Ao final, depois de uma fuga malograda, ele volta para casa, estimulado pelo vínculo com a irmã. Menciona a retomada de outra escola, a ida a um psicanalista "imbecil", do ponto de vista dele, porque fica lhe perguntando se vai se esforçar.

O grande psicanalista é mesmo Salinger. E a literatura. Que foram capazes de mostrar a adolescência como a aparente loucura, recheada de saúde, vitalidade, bagunça e sabedoria. Pronta para o embate de um encontro dificílimo, mas possível. Figurando a vida onde ela mais existe, no limite de amar e partir. Psicanalisá-la tem sido vista hoje como a complexa simplicidade de acompanhá-la.

A leitura decisiva de que tinha falado no começo foi no meu começo, na adolescência. Ela não tinha os conceitos de que fui lembrando ao longo do texto. Tinha muito menos. E muito mais. Tinha frescor. Tinha escuta com ideais. Silêncio e palavra começando e continuando. Um jeito metafórico de dizer que a rebeldia era a vida e também a tristeza. Se, em parte, precisava apagar-se para continuar vivendo, precisava manter-se para não morrer.

Tomara que tenha podido se manter e não tenha me tornado um adulto por completo. Que algo do frescor tenha permanecido. Que possa rir e criticar a vida. Ficar triste a cada luto, a cada chama apagada, ficar alegre a cada chama reacendida. A cada encontro com um adolescente. Expor sem vergonha, rever-me. Chorar e, sobretudo, apaixonar-me.

De certa forma, Salinger, Caulfield, Anne Frank e Alice impediram que eu morresse no abismo enquanto brincava nos campos de centeio da minha própria adolescência.

# 5
## PRECISAMOS FALAR DOS FANTASMAS*

[...] na prática era doloroso demais pensar que meus pais, sim, haviam me desejado, mas ao mesmo tempo haviam querido uma criança que em muitos aspectos era certamente diferente do que haviam desejado, uma criança que teria de mudar. (Borgogno, 2009)

*Precisamos falar sobre o Kevin*, filme dirigido por Lynne Ramsay, é uma adaptação do *best-seller* homônimo, de Lionel Shriver. Ambos são impactantes. Já não precisamos retomar a velha ladainha do que é melhor, livro ou filme. Só três palavras: se o livro teve mais tempo para contar a história, o filme se virou muito bem com o que tinha. A montagem e a estrutura são um de seus méritos. Há outros, como os atores bem dirigidos.

Tilda Swinton (Eva) e os Kevin criança (Rock Duer) e adolescente (Ezra Miller) dão um show à parte. Ah, na nossa imaginação tudo é mais forte, blábláblá, blábláblá, mas quero ver alguém imaginar um olhar tão penetrante quanto o de Kevin criança, na imaginação da tela. Ele arrebata

---

* Reescrito a partir de um artigo publicado originalmente no Suplemento Cultura, do jornal *Zero Hora*.

a nossa realidade de espectador. A mãe não fica atrás e retribui em alto nível, como nas cenas seguintes. Ganhar o *Oscar* seria pouco para Tilda. Os tempos se confundem na história do filme, como no livro. São *flashbacks* nada didáticos, confusos (para o bem), melhores do que os habituais. Estão mais próximos da verdade atemporal do inconsciente como na cabeça de uma criança e de todos nós. A narrativa consolida-se ao não se entregar para explicações fáceis, lineares, que fechariam o assunto.

A história aborda o mal, mas o abre. Eva pode ser responsabilizada pela psicopatia de seu filho e os assassinatos em massa que comete? São justas as reprimendas dos vizinhos e colegas de trabalho? Como guardar, dentro de si mesmo, o mal que lá havia, e que o outro apenas deflagrou? O outro apenas deflagrou? A gente nasce psicopata ou vem da educação? Dos maus-tratos? A educação estava errada? Houve maus-tratos?

*Precisamos falar sobre o Kevin* propõe a discussão. Não se encolhe para nenhuma pergunta. Corajoso, aceita o desafio de contar uma história sem arranhá-la com teorias, ao menos não diretamente. Constrói metáforas, com disfarce e inteligência, como apregoava Albert Camus.

O arranhão vem agora, porque a trama deixa claro que a maternidade não era um desejo para Eva. Não era um projeto nem um sonho. Mas desde quando isto é consciente? Desde quando começa com entusiasmo? Ou é definitivo, previsão de mau agouro?

Mais abertura e perguntas. O choro de Kevin bebê é inconsolável. Até pode acalmar os defensores de que a psicopatia tem causas orgânicas ou constitucionais (Freud inclusive), presente desde o nascimento, desenvolvendo-se diante de qualquer mãe. Há células e genes envolvidos em todo transtorno. Mas Eva não é qualquer mãe. Ela se esforça e se esgarça até o último fôlego. A cena da britadeira que escuta para aliviar-se do choro do filho é pungente, tragicômica, entre a vida e a morte.

Mas proponho outro arranhão de ideias. Hoje se estuda muito a comunicação analógica entre a mãe e o bebê. O quanto este – e mesmo o feto – percebe os afetos maternos a partir da transmissão decodificada pelo olhar, pelo som e o toque, não explicada pela lógica. Nada verbal, não tem palavras. O nome para isso é sugestivo. Fantasmas, bando de não ditos da história materna. E paterna. Começou lá atrás, com avós, bisavós, em outras terras. Não vem do céu.

A história é inteligente e não os diz. Limita-se a sugeri-los na necessidade de sonhar um filho e construir um projeto de maternidade. Limita-se? A falta de desejo no começo pode ser suficiente para entender os problemas posteriores nesta vida. Somos o quanto fomos amados, a ciência e a arte já o provaram tanto quanto se pode provar alguma coisa viva. Ocorre que, às vezes, a vida vem menos dura do que a arte. Menos trágica. E consegue driblar a falta deste desejo, compreendendo-a, revivendo-a, acendendo a energia vital. Ou reacendendo a microcentelha que havia, mas não fora percebida. Carece falar a quem nos compreenda e deflagre a nossa adoção com afeto e empatia. Estamos sempre disponíveis a novas chances, a novos encontros, é da vida. A morte aqui não entra. Precisamos falar dos fantasmas. Literatura e psicanálise sabem disso. Na prática da leitura e do tratamento.

Ao estudar as interações entre a mãe e o bebê, a psicanálise desta fase identifica três níveis. O primeiro, concreto, refere-se à presença. A mãe tem sim de estar ali. Não todo o tempo, mas não pode se ausentar sempre. Muito menos para sempre, antes de estar registrada na mente do filho. Orfandade e guerras também geram psicopatas; está nos livros, nos filmes, nas vidas de calouros e veteranos (de guerra). Eva é presente, não é este o seu problema.

O segundo canal é afetivo. Em geral, danifica-se nas depressões. Ali a mãe está junto do filho, mas o seu olhar não brilha muito, a mão não segura com vontade, o colo não acolhe o corpo do outro. Os bebês sentem o golpe. Eva está longe de ser um bloco de gelo, também não é este o seu problema.

Há um terceiro canal, já ventilado. Corresponde ao fantasma, ou seja, ao que não foi falado e vem bloquear os afetos, mesmo com a presença e a disposição afetiva. *Precisamos falar sobre o Kevin* deixa claro que as tentativas de falar sobre os fantasmas foram malogradas. Eva bem que tentou, mas o médico, às voltas com classificações e calendários, não conseguiu acolher dor e subjetividade; tampouco, funcionou a matriz de apoio, representada pelo pai (John Reilly, no filme) e sua profusão de pontos cegos.

Aí sim, não ouvido, não expressado, não transformado em arte ou simplesmente em palavra (literatura, psicanálise), um fantasma não sossega, cresce e pode materializar-se no filho. E alcançar a infelicidade, a renúncia do desejo, do bem, do mais ou menos até chegar ao mal. O mal pertence a uma história de silêncios. Precisamos falar dos fantasmas.

Precisamos reescrever a história deles para arejar a nossa. Descontadas (ou somadas) as questões socioculturais e biológicas, ela está na infância dos nazistas, dos perversos, dos criminosos. Mais do que falar sobre o Kevin, era preciso dizer o que obstruía o amor por ele. O que trocava a carícia pela frieza. O acalanto pelo grito. O grito pelo silêncio. O fantasma. Silenciado, trunca. Arranha. Fere. Transfere para o filho o ferimento parental, e o rebento só vai passando adiante. Ou devolvendo como Kevin faz com a mãe, poupando-a da chacina para entregar-lhe de volta seus fantasmas.

Filme e livro tiveram como a arte a coragem de não explicitar. Fazer o que cabe à estética, abrir-se. Mas a psicanálise de bebês e suas famílias também prescreve a ventilação dos fantasmas dos pais para que se soltem as amarras dos filhos. Não raro, um bebê insone adormece, durante a consulta, se mãe ou pai contam um segredo, cravado concretamente na garganta há muitos séculos. O terapeuta parece um bruxo. Mas o seu caldeirão preparou tão somente a coragem de ouvir o que desloca, arranha e, às vezes, fecha.

Que feche para dizermos o que cabe à vida. Como a estética (literatura, cinema, psicanálise): falar, abrir-se.

# 6

## LIVRO IMPRESSO OU DIGITAL: O BEM E O MAL?*

> Apesar disso, estou muito satisfeito com a minha insatisfação comigo mesmo. (Lessing, 1894)

Como pensar as relações entre a criança e o livro digital? São boas? Ruins? Mais ou menos?

Para responder, pode-se buscar o que aprendemos nos livros impressos, mas eles ainda não abordaram um assunto tão novo. Pelo menos, não diretamente.

É preciso esperar e, durante, carece do que Bion (2006) escreveu em livro de papel no século XX:

> Várias coisas se encaixam em minha mente, e de repente me ocorreu que qualidade contribuía para formar um homem realizado, especialmente em literatura, e que Shakespeare possuía tão desmesuradamente – quero dizer, a capacidade negativa, isto é, quando um homem é capaz de manter-se em incertezas, mistérios, dúvidas [...] (Keats, 2010)

O texto não é do psicanalista Bion, mas do poeta inglês John Keats, que o colocou em papel no século XIX. Tratava-se de uma carta com selo e

---

* Reescrito a partir de um artigo publicado originalmente na revista *Vox*.

transportada pelo correio. A carroça a conduzia. Muda que hoje vão por Sedex 10 e de avião? Muda que hoje tenham cedido lugar aos e-mails? As mensagens eletrônicas não podem conduzir conceitos robustos como este? Dê-lhe capacidade negativa para aguardar respostas mais positivas. Enquanto sabemos pouco e algum poeta não se pronuncia, segue valendo a máxima do psicanalista Michel Soulé (em livro de papel) sobre a televisão, tecnologia do século passado: ela vale o quanto valem os pais.

O célebre pensador já havia se dado conta de que as novas tecnologias – era a era da televisão – poderiam ser benéficas se os cuidadores soubessem utilizá-las.

O filtro agora é meu: utilizá-las significava filtrá-las, separando o joio do trigo da programação e, sobretudo, não se trocando pela máquina. Nada seria mais efetivo do que a presença. Só ela pode promover a elaboração da ausência no sentido de, um dia, a criança poder filtrar sozinha.

O primeiro andar de uma pessoa não é a sua carcaça com genes, células, substâncias, neurônios; é especialmente o afeto, que engendra a subjetividade. Que vem de outros que a desejam, a olham, a tocam, se importam com ela e para ela emprestam as suas capacidades de pensar e de sentir. A solidão e o abandono, no começo da vida, promovem loucura, morte e não arte.

Estou me agarrando no que aprendi em livros impressos, mas pouco importa. A questão está acima disso, ou melhor, antes. Ela se refere ao suporte da leitura, mas para falar em suporte e leitura precisa ter havido a construção do leitor. As frases mais comuns ainda começam pelo sujeito; os predicados costumam vir depois.

Ora, apesar do que muitos livros impressos ou digitais nos contam, um leitor se constrói naquele primeiro andar. Ali estão os maiores predicados da sua construção. Não é feito de papel ou bytes. Não é de livro ou de tela. São de carne, corpo, alma e começa com desejo e olhar até continuar com o prolongamento de sólida subjetividade.

A poesia do encontro, como sugeriu Ernesto Sabato (2008). A poesia em vida, com ritmo, sonoridade, atenção conjunta no "estar com", tão bem descritos por Jerome Bruner (2002) e Daniel Stern (1997). A imagem que este psicanalista coreógrafo utilizou foi a dança. Porque ali estão os três canais principais de uma interação entre pais e filhos: o olhar, o toque.

E, parágrafo à parte, a voz. O banho materno de palavras (som e sentido), que atende a meia dúzia de necessidades básicas: sentir-se desejado, cuidado, querido, iludido, existindo com certa continuidade para, no futuro breve depois de uma infância, suportar melhor as desilusões.

A voz conta histórias. No começo, são narrativas fragmentadas, misturadas com a poesia. Ou melhor, regidas pela poesia. Histórias estranhas como a troca de uma fralda, a mamada, um objeto, uma origem. Ali conta mais o olhar e a prosódia do que o conteúdo. Eu avisei, é poesia. O conteúdo pode ser banal, mas o olhar, não. É uma história de amor, que, para Quintana, são todas. E o amor nunca é banal, pelo menos antes de ser cantado.

Devidamente acolhida pelo poético, a criança agora se sente amada e se interessa pelas histórias. Afinal, são novas histórias de amor. Um ou dois encontros a mais, ela poderá sair em busca de suas próprias tramas. Enfim, tornou-se um leitor, este que, do ponto de vista afetivo, é aquele que hoje consegue ler sozinho, ou seja, com a mãe por dentro, lendo escondida para ele. Já pode fazer quase a mesma coisa que ela fazia quando ele ainda não era capaz de ser independente.

Quase a mesma coisa, porque agora a autonomia é maior e fará mais. Pode escolher e ir à delícia de buscar histórias (deliciosas, dolorosas) por conta própria.

Esta mãe – depois os educadores – já havia indicado o caminho da casa dos livros. Ali estão eles, impressos no século XIX, do Keats. E no XX, do Freud e do Bion. Agora também são digitais, no XXI.

Faz diferença?

A meu ver, para um leitor já construído, sim e não. Ora, estamos falando de livros, ou seja, da vida, esta barafunda prazerosa e dolorosa, cheia de paradoxos.

Sim, porque os pais contemporâneos souberam transmitir para os filhos a sua própria paixão. "Conta as histórias que te habitam", costuma sugerir o especialista em contos infantis, Pierre Lafforgue (1995).

Os pais nascidos no século XX são habitados pela paixão de folhear, cheirar, tocar realmente, transportar um livro como quem segura um homem (Whitman, 1983). Mas também não, porque talvez já não importe se a história mora na rua, na cidade, na praia, em condomínio fechado, gradeado ou aberto. Importa que ela seja encontrada e lida. Brincada e compartilhada.

Agora é dar um tempo a fim de ouvir o que a prática dirá da teoria, que há de vir em livros impressos e digitais. Fazer como o Bion, o Keats, o Shakespeare, criadores repletos da capacidade de aguardar uma resposta. Enquanto isso, eles criavam. Enquanto isso, que venham as histórias, não importa de onde nem como. E siga em riste a velha tecnologia do livro feito de olhar e de gente, folheado nas vozes de filhos e pais lembrados para sempre.

# 7
# TRÊS OU CINCO HOMENS E O AMOR DE UMA MULHER

O que uma teoria tem a ver com uma história?
Para Freud, o amor é o movimento de um desejo. Esboçou a teoria.
Para Lacan, a apropriação de um desejo. Lapidou a teoria de Freud.
Para Chico Buarque, "[...] para se viver do amor, há que esquecer o amor [...]". Ele cantou a história para espantar os males. (Buarque, 1977).
Mas o que o amor e uma história (canção de amor) têm a ver com a psicanálise?
A pergunta é pesada como mover um carro. Sentimentos voam, pesam mais ainda e responder demanda um quarto homem: para Quintana, todos os poemas – canções, histórias – são de amor. E vamos logo à mulher: para Doris Lessing, tudo é história (linguagem).
Para Chico Buarque, também. E para Lacan. Todos acabam se encontrando nos meandros da expressão. Lapidando Freud (que veio antes, depois faremos o *flashback*), encontramos a ideia de que o amor – de resto, tudo – consiste em apropriação. Do próprio desejo. Parece fácil, mas não é. Dura uma vida essa luta. Uma análise inteira consistiria em devolver o desejo a seu próprio dono.
Difícil, portanto, e um método perigoso; e winnicotts à parte, mais ou menos prazeroso: há que se "amar sem prazer e com despertador – como um funcionário" (Chico). Canções, afinal, têm métrica. Tratamentos têm enquadre. Caso contrário, seria tão difícil que ninguém cantaria ou viria à sessão. Viraria ausência e silêncio.

Há uma profusão de mãe, pai, avós, sociedade, tentando impor o seu desejo. Já não se trata dele, mas do poder, onde o buraco é sempre mais embaixo para um quinto homem, o Foucault.

Mas é homem demais nesta história de mulher; fiquemos no Lacan, que construiu a sua a partir de Freud (2004), agora sim o *flashback*. Para Freud (2004), o amor é um movimento do próprio amor, partindo de um sentimento mais espontâneo – narcisista, autocentrado – para se chegar ao outro, o verdadeiro amor (mais lapidado), segundo ele. Para Freud (2004), o movimento também dura a vida inteira, como para Lacan que o amava e partiu dele para chegar a si mesmo.

Ainda segundo Freud, os bebês não vêm ao mundo por causas nobres do tipo dadivoso, dar a vida, ser altruísta, ser bom. Mal traduzindo, os pais estão tentando salvar a própria pele. Antes de fazer o outro viver, tratam de não morrer. Parecem bonzinhos para a religião, para a mídia e para quase todos nós.

Mal traduzindo, não satisfeitos com a suposta imortalidade, os pais ainda querem, através dos filhos, uma história melhor do que puderam ter. Nesta hora, segundo Chico, "há que penar no amor pra se ganhar no amor, há que apanhar e sangrar e suar como um trabalhador". (Buarque, 1977).

Que trabalho! Os bebês se tornam majestades, vieram ao mundo para redimir quem os colocou. Vêm para realizar desejos não realizados a fim de ser o que os pais não puderam; a todas essas, ser nada, pois precisam deixar de ser.

Bem, é uma teoria. Mas uma teoria, como presumimos, é uma história. Chico a previu: "Ai, o amor jamais foi um sonho, o amor é feroz, faz em nós um estrago medonho". (Buarque, 1977).

Como não atender quem nos criou? Como suportar o desamparo diante de não ter atendido?

Segundo uma mulher, existe a possibilidade da reparação (Melanie Klein, 1991), a chance de uma narrativa melhor, com final feliz de vida digna.

Freud e Lacan sempre acreditaram na coconstrução de uma nova história para superar a anterior. Se a tendência é o videoteipe (repetição compulsiva), este pode ser surpreendido, à custa de muito encontro e tratamento, por alguma novidade. Assim como o Chico e as mães, eles acreditam nas canções. A psicanálise não é menos melódica do que a literatura. Estes homens e mulheres, nas vidas de suas teorias e práticas, recorreram à arte para afinarem o que pensam. Chico buscou até dicionários. Lacan recorreu a tramas ainda mais esdrúxulas (a física, por exemplo).

Ambos não tiveram acesso ao Chico que, tal qual Shakespeare, Schnitzler, Goethe e Joyce, deram-se conta de que o amor é um trabalho hercúleo, coisa para um Sísifo, um amante, um analista, uma mãe. O analista o enfrenta na transferência, ou seja, maior ainda. É por isso que se há de entender que "amar não é um ócio", se precaver que "[...] amar não é um vício, amar é um sacrifício, amar é um sacerdócio à luz do abajur [...]" (Buarque, 1977). À luz, igualmente, do abajur da psicanálise.

Mas de que treva Chico fala? Bem, teríamos de perguntar a ele, mas podemos, através dele, como Freud de Goethe ou Lacan de Joyce ou o analista do material da sessão, pensar que fala de um amor materno, sacrificando-se como qualquer outro.

Se parir é literalmente esguichar sangue no segundo nascimento (Andrade, 2005), seria também sacrificar um ideal no terceiro nascimento, o do amor voltado para si mesmo (Freud, 2004) para amar o outro como ele realmente é a partir do momento em que se apropria do desejo (Lacan). É por isso que se há de entender "que amar não é um ócio, se precaver, amar não é um vício [...]" (Buarque, 1977).

O amor é novo, talvez a única novidade para quem abra um jornal (Quintana, 2005). Está mais para o contrário, a superação do vício de só poder amar a si mesmo ou a possibilidade de escapar da repetição e encontrar o inédito.

Pode ser insuportável o desnudamento dos ideais e a aniquilação de boa parte do narcisismo de um amor que começou voltado para si. No entanto, com sacrifício e encontros iluminados pelo abajur da arte e da análise, vemos que ele às vezes acontece, embora nunca sem dor. Trata-se de famílias que tiveram libido suficiente para ouvir canções, cantar, contar e recontar a própria história.

Na do Chico, valem a pena o movimento de Freud e a apropriação do desejo, de Lacan. No final, assegura-nos que "[...] o amor é um nobre ofício, o amor é um bom negócio [...]". (Buarque, 1977).

Bem, isto é apenas uma história e, como todas as outras, repleta de versões. A do Chico, por exemplo, tem duas. Na primeira, ao dizer que o amor é um sacrifício, vale-se de outra imagem, cantando: "Já provei (o amor) e é um veneno medonho".

Para o final feliz, reserva outra imagem, que sintetiza o trabalho de um psicanalista diante de tanto desafio quase insolúvel: tratamo-nos para continuar cantando, contando, amando. Sonhando, enfim (Ogden, 2010).

Talvez porque amar, em psicanálise, na maternidade e na canção, não tem a pretensão inalcançável de oferecer milagres e sim a tarefa humilde e possível de "iluminar a dor – como um missionário" (Buarque, 1977).

Para poder amar quem realmente se é.

# 8

# LEONARDO DA VINCI: ENTRE A ARTE E A PSICANÁLISE

Não sou um ERUDITO, não estou entre os 700 sábios da Alemanha. Estou com o povaréu na soleira da sabedoria daqueles, e quando alguma verdade escapa por debaixo, e essa verdade vem até a mim, então andou o bastante: escrevo-a com letras bonitas num papel e a entrego ao tipógrafo; ele a compõe com chumbo e a entrega ao impressor; este a imprime e ela passa a pertencer ao mundo inteiro. (Heine, 2011)

Escolhemos para o livro um trabalho freudiano que também reúne arte e psicanálise. Ou a condição do artista. O texto é *Leonardo da Vinci e uma lembrança da sua infância*.

A ideia é destacar trechos e deter-se em um de seus assuntos principais, o narcisismo. O relato é precursor na apresentação do termo. Interessa-nos ampliá-lo a partir do próprio conceito e de seus desdobramentos na clínica psicanalítica contemporânea.

O primeiro refere-se à importância atual do narcisismo quando se aborda a psicanálise do bebê a partir de uma visão inter ou transgeracional. As aproximações foram sugeridas pelo próprio Freud no trabalho de 1914 (Freud, 2004). O segundo aspecto consiste na reflexão sobre a criatividade, objetivo já presente em Freud.

Integrar os dois, ou seja, o mundo emocional do bebê e a criatividade, a partir do fio vermelho do narcisismo, é o nosso ideal (estético mais do que de ego). Se não o alcançarmos plenamente, desejamos pelo menos deixar o nosso narcisismo apaziguado e poder terminar o capítulo, ao contrário do que faziam Leonardo ou Freud, os gênios que agora nos inspiram.

De acordo com a classificação dos escritores Fernando Sabino e Guimarães Rosa, estamos fazendo um reles biscoitinho diante das pirâmides monumentais de Da Vinci e Freud.[*]

Já em relação à pirâmide de *Leonardo*, Freud tenta aproximar-se do processo criativo e suas relações com o universo psíquico da infância. Tal qual faria com Dostoievski, desejava estabelecer contatos entre a arte e a vida (a infância) do artista.

O objetivo de Freud é suficiente para nos dar um norte ao considerarmos cada bebê um criador (artista); um, porque evoca os elementos poéticos presentes nas primeiras relações mãe-bebê (Stern, 1992); dois, porque os bebês estão em plena ebulição de invenções, gestos, palavras (neologismos), jeitos inéditos de estar com o outro no mundo relacional (Golse, 1999).

A primeira observação, ao tentar a ponte, refere-se ao cuidado de Freud tanto no estilo como no conteúdo, de forma que sempre esteve atento à validade do que ele mesmo fazia. Mostrava-se consciente do entusiasmo ("afeição especial", como assinalava) pelo gênio inconsciente do artista italiano, dotado de uma autocrítica ferrenha (Quinodoz, 2007). Se Freud não chegou a queimar estes escritos, como fizera em outras oportunidades, verbalizava os eventuais limites da sua criação. Leonardo foi a última incursão extensa no terreno da biografia.

A modéstia, a cada entrelinha, também se faz presente em linhas como: "Era um gênio universal cujos traços se podia apenas esboçar, mas nunca definir [...]" (Freud, 1996d, p. 73).

É possível pensar que, no terreno aberto da arte (Eco, 1965), Freud não caiu na armadilha do fechamento de definições e se manteve firme até o final da empreitada: "Gostaríamos enormemente de descrever o modo pelo qual a atividade artística se origina nos instintos primitivos da mente, se não fosse aqui, justamente, que nos falham nossas capacidades [...]" (Eco, 1965, p. 137).

---

[*] Brincadeira descrita por Fernando Sabino em crônica, publicada no jornal *Zero Hora*.

LEONARDO DA VINCI: ENTRE A ARTE E A PSICANÁLISE

Freud considerava-se novamente incapaz de decifrar um talento. Mas somos contaminados pelo seu entusiasmo com a arte e pelos artistas como os maiores guardiões do inconsciente que o cientista tentava revelar. Buscá-los e não ceder aos argumentos objetivos da ciência a que se dedicava é um ato de grande coragem, capaz de aproximá-lo da subjetividade de seu objeto de estudo. Assim foi feita a psicanálise.

Freud aproxima-se de Leonardo como quem escuta um paciente e se deixa banhar por seus enigmas; no caso, a incompreensão pelos contemporâneos, o duplo interesse e sucesso na arte e na ciência, a pobreza ou inexistência de vida sexual ("a feminina delicadeza"), a dificuldade de concluir um trabalho ("vagareza proverbial"), o desprezo pelo seu produto final, a capacidade para o ócio, o exercício constante da indiferença e, sobretudo, as relações disso tudo com uma infância marcada pela separação da figura materna e a necessidade de criar um novo vínculo com a segunda e legítima esposa de seu pai. A vida, em certos aspectos, evoca um longo parágrafo.

De olho em nossos objetivos, uma afirmação desponta na primeira parte do texto freudiano:

> O que ao leigo pode parecer uma obra-prima nunca chega a representar para o criador uma obra de arte completa, mas, apenas, a concretização insatisfatória daquilo que tencionava realizar [...] (Freud, 1996d, p. 76).

A ideia abarca a problemática essencial do narcisismo e seus desdobramentos no começo das relações entre os pais e "sua majestade, o bebê", bem como a dificuldade em dar por finalizada uma obra de arte, que também veio ao mundo para redimir o artista de suas próprias limitações: "[...] o artista nunca consegue realizar o seu ideal." (Freud, 1996d, p. 76).

O artista e – acrescentamos, embalados por Freud – os filhos. Sabemos que o ideal de ego é herdeiro do narcisismo. Haja narcisismo para suportar tudo isso, seja na vida ou na arte!

Mas havia em Leonardo, como reconhece Freud (1996d), o gênio da criatividade, acompanhado de um "desejo insaciável" de tudo compreender e pesquisar. Interessa-nos desdobrar a constatação e aproximá-la da suposição de que suas relações com a mãe biológica (Caterina) foram de qualidade. Ali teria havido um olhar materno pleno de desejo (narcisismo), ilusão e criação dos alicerces de um indivíduo como seria descrito por autores contemporâneos a Freud (Lacan, 1966; Winnicott, 1975).

A descrição da fantasia com o abutre – símbolo miticamente sexual –, que o fustiga nos lábios, presta-se à metáfora (sexual, libidinosa) das primeiras relações. Aqui o ritmo, gênese de tudo, não teria sido economizado pela mãe. O desejo de criar teria sido fixado para depois repetir-se: "Leonardo passou os primeiros e decisivos anos de sua vida não ao lado do pai ou da madrasta, mas sim com a sua verdadeira mãe, pobre e abandonada [...]" (Freud, 1996d, p. 98).

Pobre sim, mas rica de desejo e olhar. E, como reconhece Freud, uma mãe afetivamente presente no momento decisivo (e precoce) da vida de uma criança, marcado pelo ritmo, precursor de todas as perguntas e criatividade. Afinal, ele defendia a ideia de que uma neurose se produz nos primeiros anos, depois se limita a reaparecer.

Para Freud, a fantasia reflete o desejo de ser amamentado pela mãe. Ora, a amamentação pode ser estendida ao desejo de estar junto e receber as chaves para (re)abrir as portas que levam às estradas do mundo com suas artes correspondentes e ritmadas. Estamos também falando de apego.

Tais aproximações estão contidas no trabalho de Freud quando sugere as relações entre o olhar primordial (inaugural) e a sua expressão numa obra como a *Mona Lisa*, cujo olhar até hoje continua atraindo o fascínio de muitos: "Encontrou a mulher que lhe despertou a lembrança do sorriso feliz e sensual de sua mãe [...]" (Freud, 1996d, p. 138).

Não seria a necessidade do olhar fundador que ainda hoje os espectadores buscam (re)encontrar? A destacar, neste ponto, as descrições precisas, feitas por Freud, da ambiguidade do olhar. Que olhar pode ser mais ambíguo que o da mãe no verdadeiro e pleno exercício da maternidade, beirando o fascínio e a tristeza? A dedicação e a renúncia?

Para Freud, a ambiguidade, magistralmente deslocada para a Mona Lisa, está presente na ideia de uma infância dividida entre duas mães: Caterina, a biológica (e afetiva), de quem se separou quando tinha entre três e cinco anos e a madrasta, dona Albierra (estéril e muito afetiva), a esposa de seu pai. Haja carinho, engendrando o desejo de criar, considerado como a base e a continuidade dos ritmos!

A seara nos permite aproximar-nos de dois autores interessados nos fenômenos estéticos da vida e da arte. Daniel Stern (1992, 1997) descreve as interações reais mãe-bebê como dotadas de muito ritmo e qualidade afetiva. Ele o faz de forma poética, mais como um movimento de uma dança. É preciso estar junto com sintonia e presença afetiva. Da sincronia e intensidade desses ritmos ("harmonização afetiva" ou processos de "estar com"), resultaria a capacidade do desenvolvimento de um bebê. Trata-se de fenômenos bastante precoces; no entanto, deixarão marcas indeléveis na arte e na vida. O que as decidiria, enfim, é a qualidade de um encontro precoce, afetivo, empático, musical. Stern, além de pesquisador e psicanalista, tornou-se um respeitado consultor de coreografias para a *Broadway*, inspirando artistas como Bob Wilson.

Quanto à produção ulterior de arte em si, os fenômenos são bem descritos por H. Honigsztejn (1990), em sua tentativa de montar uma psicologia da criação. O autor igualmente aposta as fichas no ritmo, nomeando como "núcleos rítmicos" os eventos de uma boa relação mãe-bebê, fundamentais para nos tornar aptos a unir, criar, costurar: "A obra de arte é vista assim como a reconstituição, na fantasia, do corpo da mãe, e nessa reconstrução o artista se recriando a si próprio" (Honigsztejn, 1990, p. 70).

São marcas presentes no começo da vida de Leonardo e sua(s) mãe(s). Portanto, é possível encontrar, em Freud e autores mais contemporâneos, fontes de um estofo criativo como o de Leonardo. Ritmo e desejo fundaram o seu narcisismo primário, tornando-o verdadeira majestade (Freud) ao ser investido pela força de que satisfizesse sonhos e desejos que seus pais não puderam realizar.

Em nenhuma outra fase do ciclo vital, o narcisismo investe tanto no sonho quanto durante a gravidez e o puerpério. Eis a hora em que mães e pais canalizam frustrações – especialmente, não historiadas – para a satisfação, através do filho, que virá como um redentor. O resultado pode ser frustrante, porque, entre o bebê imaginário e o real, há um abismo que fulmina o amor próprio, essencial para o desempenho do papel de pais (Freud; Lebovici apud Gutfreind, 2010).

Ali parecem situar-se os limites da vida de Leonardo, artista sem limites, quando a mãe, depois de ter deflagrado núcleos rítmicos suficientes para uma vida rica em abstração, passa a consolar-se ou compensar no filho o que lhe faltava (o marido). Então, os meandros narcísicos começam a fechar possibilidades em vida e não abri-las em arte. Depois da sobra do amor materno, pode ter faltado a lei, o Édipo, a castração e, sobretudo, a separação das individualidades e seus desejos: "O sorriso fascinante e familiar leva-nos a crer tratar-se de um segredo de amor [...]" (Freud, 1996d, p. 124).

Aqui está presente o transgeracional, que evocamos na introdução, quando um fascínio, depois de abrir possibilidades, restringe-as ao confundir necessidades de filho e mãe. O segredo, aliás, é um dos carros-chefes do campo transgeracional.

Ousamos estender a leitura à hipótese de que, embora não tenha faltado narcisismo suficiente para a criação de um artista genial, as carências para a construção de um ser humano mais livre estavam explícitas nos fenômenos de uma separação precoce. Se houve olhar para acender a chama da ilusão (da criação), o mesmo pode ter faltado para a separação, súbita, dolorosa, incompreensível, sem tempo para a elaboração. Teria faltado repetição para que o fogo crepitasse além e independente do objeto. O narcisismo deflagrado pode ter contraído as suas primeiras sequelas, tornando Leonardo incapaz de replicar, na continuidade da vida, o que pôde realizar na arte dos começos, estabelecendo um abismo entre os resultados obtidos por esta (a vida) e por aquela (a arte).

Em outras palavras, é possível supor que houve ritmo (Stern, 1997) e núcleos rítmicos (Honigsztejn, 1990) suficientes para a construção da arte, porém insuficientes para a vida, fazendo com que a libido daquela superasse a desta, com sobras. Ou mais precisamente, a partir das palavras de Freud: "Terá pesquisado em vez de amar [...]" (Freud, 1996d, p. 84).

Mas este pode ser o desafio de todas as vidas: conciliar ato e criação, sexo e trabalho, na grande síntese do amor. Enfim, muita mãe e pouco pai teriam provocado muita sublimação e pouco recalque, além da necessidade de saber e criar em detrimento de atender diretamente aos instintos sexuais, encontrando "[...] a falta de capacidade para adaptar-se às circunstâncias reais [...]" (Freud, 1996d, p. 138).

As relações entre vida e arte, tão afeitas aos poetas e seus comentaristas – vide Rimbaud, que, aos dezesseis anos, trocou esta por aquela – também foi interesse constante nos trabalhos de Freud. Em *O mal-estar na civilização*, por exemplo, chamou a arte de indutora de "suave narcose", sendo fonte de imaginação e ilusão para se chegar à felicidade na ancestral dualidade entre instintos e civilização. (Freud, 1996a).

A máxima pode valer para Leonardo. Ele estaria bloqueado (ou fixado) num amor que soube começar, mas foi incapaz de durar e terminar para que novos amores brotassem das cinzas de um primeiro fascínio. Pode lhe ter faltado o que Cartola e Elton Medeiros ritmaram no samba *O Sol nascerá*:

Fim da tempestade,
o sol nascerá,
e dessa saudade
hei de ter outro alguém para amar. (Carlota; Medeiros,
1973)

A separação precoce não teria sido uma tempestade com direito a arco-íris, bonança e sim a trauma silencioso, condenado a desviar da vida, embora capaz de mergulhar na arte.

Pode ter faltado, como sugere Freud, a necessária castração. O autor descreve os meandros da gênese da homossexualidade com a ausência de um pai forte como fonte de identificação. Sobraria, então, amor de mãe ("modelo do narcisismo"), cuja quebra súbita e inesperada impediria a entrada suficiente de uma figura paterna.

Faltaria, portanto, a Leonardo a necessária submissão à lei do pai: "Minha mãe beijou-me apaixonada e repetidamente na boca [...]", infere Freud (1996d, p. 113), ainda sobre a fantasia do abutre. Pode ter faltado, enfim, uma lei exterior que suspendesse internamente os efeitos desta fantasia.

Se houve sexualidade suficiente para o começo (o desejo de saber as origens), ela foi, em seguida, excessivamente recalcada para que se expressasse com maior naturalidade na vida em si (Quinodoz, 2007). A este propósito, Freud (1996d, p. 132) comenta: "Na verdade, o grande Leonardo permaneceu como uma criança durante toda vida [...]".

A partir do diário de Leonardo, Freud (1996d) mantém acesa a hipótese até o final, ao descrever a forma como o artista escreve sobre a morte de seu pai, detendo-se nos números mais do que nos afetos. Aqui, lembra-nos as patologias contemporâneas (narcisistas) do vazio. Freud (1996d) faz uma interessante observação sobre o desinteresse de Da Vinci em relação às próprias obras: "Criava a obra de arte e depois dela se desinteressava, do mesmo modo que seu pai se desinteressara por ele [...]" (Freud, 1996d, p. 127).

No final do texto, o autor retoma o paradoxo humano ao apontar o aspecto positivo da ausência como capaz de engendrar menos repressão, inibição (menos religião, como assinala) e mais desejo de aprender.

Ainda acompanhados por ele, podemos dizer que Leonardo fora incendiado pelo desejo de fazer perguntas ("pesquisas sexuais infantis"), que se fez presente na arte (o olhar primordial), mas que não pôde manter-

-se na vida e no seu exercício sexual de fato. Freud descreve em pormenores a pesquisa sexual, selando o destino de tais possibilidades com a presença ou não de uma inibição neurótica. Em Leonardo da Vinci, podemos supor que houve um começo suficiente para o desenvolvimento de um instinto de pesquisa, traduzido em rica arte, mas uma continuação pobre ou mesmo traumática, traduzida em pouca vida (sexual).

Um erro de tradução ("abutre" em vez de "milhafe") invalidaria o conjunto das noções freudianas? (Quinodoz, 2007). Não ousaríamos afirmá-lo, em busca de alguma conclusão. Como também ousamos dizer que as possibilidades de uma vida digna e criativa encontram-se nos caminhos das relações precoces, envoltas ao narcisismo dos pais. Ali parece residir o potencial de arte e silêncio, vida (verdadeira) e morte (falso *self*) e a sempre buscada integração entre corpo e alma, arte e vida.

Assim nos aproximamos de Leonardo da Vinci, verdadeiro gênio da arte, banhado pelo amor de duas mães, porém indiferente aos gozos da existência e fulminado por separações precoces e a ausência paterna.

Mas nada disso passa de aproximações, e tudo precisa ainda ser desvendado, sugerem-nos o mestre Freud a partir de Shakespeare, mapeando a nossa vã filosofia como incapaz de alcançar as coisas entre o céu e a terra, citado no final do artigo.

Claro que não alcançamos e seguimos na ignorância entre a terra e o céu. Mas, se não tivemos excessos e faltas suficientes para produzir um capítulo genial como as nossas fontes, esperamos pelo menos ter realimentado o narcisismo e atingido algum ideal de sobra para, como nossos inspiradores, considerar o texto insuficiente e inacabado.

Que o sorriso de Mona Lisa nos contenha na incompletude dos começos e da continuidade. E continuemos em busca de mais conhecimentos, respostas, ritmos, amor real ou inventado.

# 9
# POESIA E PSICANÁLISE, ESTE ARSENAL

Conheço a poesia da Caroline Milman (2012) há muitos anos. Tive o privilégio de acompanhar sua trajetória e ler os seus inéditos. Sempre os recebi, com muita alegria, desde que começaram a vir. Era dupla a satisfação: o ato em si do recebimento, sob a sombra da confiança, mas também o sol da leitura com muito prazer em torno da qualidade dos textos. Acrescentemos outro item para compor um tripé, palavra com frequência utilizada pelos psicanalistas, que Caroline e eu também somos: inconformada com os resultados, ciente de que a perfeição em poesia também é utópica, Caroline jamais cansou de fuçar no seu artesanato em busca de uma superação, que permanece a cada nova leva e resultado. O narcisismo, no caso, não freou o desenvolvimento.

O parágrafo anterior conta uma história razoavelmente longa, mas nada original. Os poetas no Brasil costumam adiar a sua primeira edição e mesmo as seguintes. Vide os maiores, Drummond, Quintana, Bandeira. E vão produzindo (e editando) outros materiais, em geral a prosa, talvez menos difícil, que a Caroline também faz através de trabalhos científicos com poesia. É muito complicado editar poesia pura.

A meu ver, faz sentido além do mercadológico. No afetivo, de foro íntimo, algo que uma poeta psicanalista conhece muito bem. A poesia, afinal, arde desde o começo. Como os afetos nus de uma pessoa. Como os conteúdos arcaicos ainda não envelopados. Quase como as pulsões. Que as mães dos bebês o digam! Que a imagem nos acuda para conter este fogo a um só tempo de poema e sentimento: é como a cachaça na caipirinha. Muitos querem a caipirinha, onde tem limão e açúcar, mas poucos podem com a cachaça, onde ela é pura.

Difícil aguentar tamanha intensidade, apesar do sumo. Por isso, poucos são poetas além da mínima poesia que a vida pede para sobreviver. E poucos se analisam para conhecer mais do que o mínimo pedido para alguma lucidez. A maioria, quando vai adiante, consegue imprimir certa poesia na prosa, certa psicanálise na psicoterapia, mas dificilmente no todo.

Assim também ocorre com a dor e a angústia, algo que uma psicanalista poeta conhece muito bem. Ninguém, em sã consciência, as deseja de forma pura. E quase todos fogem ao clamar por remédio, consolo, conselho, sedação, conversa fiada. Sem poesia. Ainda mais hoje em dia.

Mas precisamos dela com seu ritmo, como da psicanálise com seu relato testemunhado, e aqui está o imbróglio. Sem elas ou seu entorno, nada acontece de verdade: a relação de mãe com filho, o trabalho, o amor, a vida em si. O encontro com o novo para desfazer a repetição do antigo. A criatividade. O símbolo. Por isso, talvez, a maioria sedada repita.

A poesia de Caroline canta isso. Ela topa o imbróglio e assina embaixo: "A lima não ardeu a boca/como a surra./Seguiu redonda,/desafiando a faca." (Milman, 2012, p. 16). Ela desafia a educação, os bons costumes, a convenção dos talheres. Mas não o faz vestida de hipocrisia (falso *self*) ou inocência: "[...] o olho nu despiu o farol." (Milman, 2012, p. 42).

Ela sente e sabe que, para chegar à ardência maior, precisa passar pela linguagem. Enfrenta o monstro e a onça, mas não o faz na sandice e sim com precaução suficiente para armar-se de palavras como um poeta e um psicanalista. E guarda essa linguagem até chegar à chama (dor, angústia, cachaça), na busca incessante da imagem inédita e verdadeira.

No mesmo registro, não me parece à toa que a poeta seja psicanalista. Afinal, a psicanálise também busca a imagem, de preferência com palavras – com afeto – para encontrar um sentido ao até então indizível da repetição. Se não o escreve, é detalhe.

A poesia de Caroline arde mesmo. Como o material de uma sessão autêntica de inconsciente para inconsciente. Ela sabe que tudo começa no ritmo e precisa voltar a ele. Que o encontro precede a palavra como a vida vem antes da arte. Por isso, é preciso cadência. E persistir: "Cresci de teimosia/No fundo do porão,/faço música com as garrafas/que ainda não quebraram." (Milman, 2012, p. 15).

Ela bebeu em grandes poetas como Adélia Prado e Ferreira Gullar até compreender (sentindo) que, antes da escrita, é preciso viver e lembrar. Ela bebeu em grandes psicanalistas poetas como Freud e Winnicott. Por isso, a memória e a infância estão entre seus temas principais. E o tempo, "[...] bico de anseio: A seu tempo lembrar que o gato mora em mim e nunca foi embora." (Milman, 2012, p. 38).

No começo, no ritmo, na cadência. Ali nos fundamos, nos compomos e, depois de achar o outro, encontramo-nos com a gente mesmo em infinitos reencontros como o ritmo da poesia, este que se repete para lembrar que vivemos movidos pelo afeto, a mais verdadeira e duradoura tatuagem: "Eu me escapava pelas frestas/das grades metálicas dos dentes./E me esperava pelo lado de fora." (Milman, 2012, p. 33).

Depois, garantida a poesia, há toda a vida pela frente. Com muito Eros em seu miolo, que Caroline também poeta: "Deito então a ressonar no teu pulmão./Mas se choras eu me agarro nas tuas cordas./Trabalho rápido para desfazer o mal." (Milman, 2012, p. 58).

Vemos que há o domínio técnico (o enquadre) de quem encarou o sem nome e o desafio da linguagem (poética). E, sobretudo, a aprendizagem do paradoxo desta vida binária. Caroline parece ter aprendido, na arte e na psicanálise, que não há uma resposta definitiva, porque somos dois entre nuanças, verdadeiro par entre o bem e o mal.

A infância também verte sangue, longe do que se idealiza. Não se idealiza em poesia ou psicanálise, terrenos que Caroline percorre. E junta. A sua poesia sabe que a vida não é perfeita, não só porque vai morrer. Vivas ainda, mães podem não esperar, pais podem exceder-se, avós foram feridos, repassam as feridas para os pais, que repassam para os filhos. A falha, a falta, a ausência. A poesia poeta isso. A psicanálise conta.

São temas presentes na obra. E, fora da narratividade de uma psicanálise, não tem outro remédio que não seja poesia. Se estiverem juntas, melhor ainda. Daí, a meu ver, a verdade na sucessão de versos marcantes: "Vejo tudo que precisa ser feito/e nunca é. O que precisa ser dito." (Milman, 2012, p. 18).

Para fazer, poesia.

Para dizer, poesia.

Para integrar, poesia, ação maior do ser humano: "Eu me encaixo/em qualquer parte/marrom de mim." (Milman, 2012, p. 19).

A vida, escura, depois engole. Com a sua profusão de prosas repetitivas, rotineiras – "a ruga jovem" – ou, como em outra imagem bem-sucedida da poeta, a sua torrente de espelhos quebrados: "Frente a frente nosso espelho/racha bem ali/onde já chegou rachado." (Milman, 2012, p. 57).

Então, é preciso vir à tona dos naufrágios, como dizia Quintana, outra fonte de Caroline. E, talvez, não tenha outra forma senão no meio, antes do fim, retomar a poesia ("o não ainda") do começo, o "muito pouco, o quase nada". Para depois contar, na psicanálise.

A descoberta, enfim, do que "a mãe mastiga na sopa", a busca a que se propõem psicanálise e poesia. Ambas fazendo o que podem, magras "de tão cheia(s) de excessos". Elas, afinal, são como a autora: "[...] boa na atenção aos ruídos: Fui engolida com vida/pela boca que eu mesma abri." (Milman, 2012, p. 34-40).

Caroline abre o bocão sem vergonha de afetos e dentes para mostrar a língua. É o que se quer do poema, é o que se quer da sessão. E mostra, com a gengiva de seus textos, que a respiração começa com poesia. Depois avança na prosa, mas não tem outro jeito de retomar a verdade que não seja reapropriar-se do poético, onde tudo começou. Que o digam a mãe e o bebê... Ela topa a pesada moeda (de Quintana) ou a "linha de aço", dela mesma.

Caroline não cala o grito, a não ser com lágrima ou palavra, que é outra forma de seguir gritando a vida até virar arte. Ou cura. A forma, dolorida e exata, de reencontrar "a gargalhada perdida".

Caroline topa o desafio de arder como num poema ou numa análise, este arsenal contra o vazio e talvez não haja outro mais consistente. De frente para o que é vivo, dá as costas para a paz e aceita a existência e suas vicissitudes.

Para viver e nos ajudar a viver à espera de ter forças para morrer somente no último dia, merecendo, enfim, um verso como este: "E não morreu em paz,/sacudida pela lacuna." (Milman, 2012, p. 43).

# 10
## PARA LER E OUVIR CEM ANOS DEPOIS

Quando um autor escreve muito e muito bem, ficam alguns carros-chefes do seu trabalho. São os textos mais marcantes de uma vasta obra. Freud tem os seus; um deles completou cem anos em 2013 e se chama *Totem e tabu*. Na época, Freud publicou bastante e lançou outro artigo, longe de ser carro-chefe. Chama-se *A ocorrência, em sonhos, de material oriundo do conto de fadas*. Não chega a seis páginas, não fez muito barulho. Mas é este centenário que desejei comemorar.

Freud destaca a importância dos contos na vida mental "de nossos filhos". Há cem anos, quase oitenta antes do clássico de Bettelheim (1976) sobre o tema. Para Freud, os contos são tão importantes que chegam a ocupar o espaço de lembranças da infância. Ou seja, para chegarmos a elas, precisamos passar por eles.

Freud também demonstra a proximidade entre conto e sonho e o quanto o primeiro costuma invadir o segundo. Ele dá dois exemplos. No primeiro, descreve o sonho de uma paciente. Ela sonha com a visita de um homúnculo cuja fonte inspiradora seria um personagem dos Grimm. A interpretação (bem freudiana) teve um conteúdo sexual. O quarto era a vagina, o homúnculo era o pênis. Não faltou nem o preservativo (a indumentária cinzenta do visitante), mas o conteúdo impressiona de tão convincente; afinal, na realidade, a mulher estava preocupada com a concepção de seu segundo filho, depois de ter transado realmente com o marido.

O segundo exemplo é um fragmento de outro carro-chefe de Freud, publicado na íntegra, quatro anos depois. Conta um pedaço de um de seus atendimentos mais célebres, conhecido como *O homem dos lobos*. No material, o homem descreve o sonho mais antigo de que tem lembrança. Tinha em torno de cinco anos quando sonhou que era de noite e estava deitado na cama. O pé da cama dava para a janela, de onde se via uma fileira de velhas nogueiras. Era inverno e, de repente, a janela se abriu sozinha. O menino se aterrorizou ao ver uma fileira de lobos brancos sentados na grande nogueira. Pareciam raposas ou cães pastores com caudas grandes e orelhas empinadas. Com terror de ser comido por eles, o menino gritou e foi acudido pela babá. Ela levou muito tempo para convencê-lo de que era um sonho.

Na realidade, a irmã mais velha costumava assustá-lo com a ilustração de um lobo na edição de *Chapeuzinho Vermelho*. Freud, como de hábito, foi à cata de significados para a sua interpretação, que incluía a justificativa de os lobos serem brancos. Esta vinha de um rebanho de ovelhas na vizinhança, morto por uma epidemia. O entendimento de por que estavam na árvore veio de uma história assustadora, contada pelo avô do menino, em que um velho lobo teve a cauda arrancada por um alfaiate.

Freud também justificou o número de seis ou sete lobos, presentes no sonho, como provenientes da história *O lobo e os sete cabritinhos*; eles eram sete no conto original, sendo que um escapou ao esconder-se na caixa do relógio. Daí a Freud evocar a castração foi muito rápido.

O psicanalista relaciona o lobo com o pai e conta que a neurose de seu paciente gravitava em torno do relacionamento paterno. Mas, junto à sexualidade e à castração, ele destaca a importância de eventos frequentes nos contos de fada: a existência do comer, a abertura da barriga, a retirada de pessoas de dentro dela, a substituição por pedras e, no final, a morte do lobo.

Há cem anos, Freud aproximava o conto da vida mental das crianças, figurando-o como um instrumento capaz de representá-la, desenhá-la e pôr em cena a neurose construída pelo jogo entre relacionamentos difíceis com os pais e pensamentos arcaicos, violentos, presentes na vida mental de todos nós, evocando o embate entre o que se passa dentro e fora.

Os contos ajudariam a representá-los, objetivo em comum com a psicanálise. Em outras palavras, há trabalho analítico na interação com as histórias infantis.

Hoje, diversos autores aprofundam o que Freud intuiu. E os contos assumem destaque no tratamento da criança. Se para sempre não sabemos ainda, mas que a lebre já foi levantada no "era uma vez" de Sigmund Freud não há dúvida.

Basta ler ou ouvir, cem anos depois.

# SOBRE FICÇÃO

# 11
# A QUÍMICA DA SEXUALIDADE*

Todo escritor dirá então: *louco não posso, são não me digno, neurótico sou*. (Barthes, 2010)

Toda ciência que vai às ganhas, como a arte verdadeira, é pretensiosa. Talvez porque enfrentem o nada. E criem.

O máximo desta pretensão científica foi abordar subjetivamente a sexualidade. E dizer que somos governados por forças ocultas. Como um político de segunda categoria, resvalou num ocultismo charlatão.

Todavia, o mito acaba de cair após a publicação de um artigo revolucionário na edição recente da prestigiada revista *Science Today*. Seus autores, membros de uma equipe sueca, dissecaram a anatomia da sexualidade de forma mais convincente do que os relatórios anteriores, Hide, Master Johnson ou qualquer outra teoria subjetiva do gênero. Que agora tem uma química, precisa, exata, evidente.

É a prática. Era a crônica da morte anunciada da ignorância. O avanço tecnológico já vinha trazendo imagens em tempo real e aproximava-se

---

* Reescrito a partir de uma palestra promovida pela Sociedade Brasileira de Psicanálise, de Porto Alegre.

objetivamente dos fatos. Abordagens fenomenológicas ficaram com tempo marcado para viver. O mistério tem vida curta. O do sexo está morto. Agora tem nome, endereço e está aqui. Apresentamos um resumo das principais ideias do tiro misericordioso ao subjetivo, chegado em boa hora. A metodologia positivista, quantitativa, com instrumentos universalmente validados, é indiscutível. Senhoras e senhores, eu trago a verdade.

A equipe, capitaneada por Mats Yohanson, identificou uma molécula a que denominou sexalina. Ela é produzida na zona intermediária entre o bebê e a mãe que o olha, a uma distância não maior do que trinta centímetros. É preciso reconhecer a permanência de alguma subjetividade, porque o tamanho da distância importa menos que o do olhar, imensurável. Mas há indícios suficientes para sabermos que, quanto mais brilhante for o olhar materno, mais sexalina é produzida; uma escala validada está a caminho, e o viés desaparecerá. A química terá mais nomes e medidas.

Quanto à sexalina, foi produzida aos borbotões no caso de mães que confessaram loucura e paixão por seus bebês. Eram as mães loucas de amor, segundo Winnicott, embora a escassa formação científica do autor. A equipe não sabe interpretar o dado. Mas é preciso admitir que os destinos sexuais sejam traçados, como dizia um roqueiro, na maternidade.

Deixemos o rock e demais indefinições para penetrar em áreas científicas mais sólidas. Acompanhando de forma longitudinal o destino da sexalina, os pesquisadores chegaram à conclusão de que, bem armazenada, a substância é capaz de durar por quatro anos, findos os quais, o fígado da criança a transforma em molécula quase idêntica à original, não fosse a leve modificação de seu terceiro anel externo. Por isso, chamaram-na de neossexalina.

O processo bioquímico foi nomeado anastomose anaclítica, porque a transformação não pode ocorrer em bebês isolados e sim naqueles apegados às mães: bem olhados, embalados, cantados, contados.

Já vemos que nada é simples, como sói em fenômenos científicos. Há muita sexalina nos bebês tocados, queridos, desejados; nos demais, pouca. A substância é produzida pela boca, no primeiro ano de vida, pelas fezes e a urina no segundo e no terceiro, pelos órgãos genitais a partir do quarto ano. A produção não cessa nem na derradeira idade, basta dosar nos dedos ou na língua. E, evidentemente, no músculo cardíaco ou ao longo de toda a pele. Aqui é preciso dar crédito ao que os subjetivistas

A QUÍMICA DA SEXUALIDADE

introduziram sem aprofundar, ou seja, há química de sexualidade nos idosos, nas crianças e até mesmo nos bebês.

Há um trecho que omito, em certas praças deste país continental, mas que interessa plateias mais ao sul. Um gaúcho, dizendo-se macho, partiu de Soledade e juntou-se ao grupo escandinavo para grande orgulho de seu Estado. Levava pedras nas mãos e conteúdos nas bombachas. O bagual deu um depoimento – fenomenológico, portanto – que o grupo considerou valioso. Contou que teve um encontro amoroso com uma sueca esguia a quem considerou tão solta na cama como uma égua em cancha reta. Sem entrar em detalhes mais pitorescos, que poderiam evocar certa crítica moral a práticas sexuais no campo, ou despertar um *voyeurismo* vão que fugiria ao escopo do trabalho, o homem descreveu três movimentos na dona. Chamou-os de rotação, translação e bateção, comparados ao soar ritmado da araponga e análogos às cantigas de ninar.

Mais importante do que o desempenho, o caso aponta a relação entre a atividade sexual na vida adulta e uma história de infância que a dona contou entre o quinto embate e um leve desmaio do gaúcho. Ela revelou que a sua mãe a enchia de lacinhos, fitinhas, rendinhas e repetia que a filha era linda e encantadora. Uma princesa e, atenção, a Suécia é monarquista. Depois, a mãe acrescentava: – Agora vai brincar sozinha que eu e o teu pai gostamos de brincar também.

O gaúcho também foi alvo de cuidados quando era pequeno, nos pampas. Mas, falastrão e dispersivo, mais interessado em frequentar os *peepshows* da Noruega, acabou afastado da pesquisa, tendo deixado a sugestiva história.

Todavia, o grupo observou que, para a transformação definitiva de sexalina em neossexalina, é necessário que a criança de sexo masculino desenvolva certa raiva pelo pai e volte a se sentir atraída pela mãe, agora desejando mais do que o olhar. Porque deseja os seios, as coxas, a pele, tudo.

No caso das meninas, há um processo análogo, com a diferença de que a atração é pelo pai. Sem as tais raivas e sintonias, não tem produção de neossexalina. Nos casos em que a triangulação não reclamou seu destino geométrico, a sexualidade estaria condenada a uma linha reta de desprazeres.

O grupo faz ainda algumas ponderações importantes, embora impressas nas notas de rodapé, sem o devido destaque. A neossexalina estava ausente nos seguintes casos:

1. Mães que olharam pouco.
2. Mães chafurdadas em conflitos não historiados do seu passado.
3. **Mães e pais que não desejaram seus filhos, antes ainda de olhá-los.**
4. Mães que pouco desejaram seus maridos e vice-versa.
5. *Mães que não souberam brincar ou iludir.*

Há adendos:

1. Cantar cantigas aumenta o nível da produção de sexalina.
2. Contar histórias aumenta o nível da produção de sexalina e neossexalina.
3. Deixar a criança horas a fio, na frente do computador, diminui a atenção para os assuntos sexuais, prejudicando a aprendizagem e o amor.
4. O teor de religiosidade judaico-cristã ou qualquer outra, especialmente se radicalizado, também diminui a produção. Não é à toa que a posição da igreja e do rabinato tem sido a de atacar a pesquisa.

De posse da neossexalina, a criança põe-se a brincar. O brinquedo começa pela boca e torna-se cada vez mais figurado, não raro sendo de médico, atrás dos fiordes, relevo sueco equivalente às moitas sulinas, igualmente propícias à produção massiva de substâncias sexuais.

É importante destacar que, se não há brincadeiras, a produção das substâncias, verdadeiros embriões do ato sexual, cai pela metade, quando não estanca.

A problemática encontrou metáfora científica de mau gosto, que retomamos agora, reconhecendo a expressividade da mesma: um dos sujeitos brincara na infância com barquinhos durante o banho; depois, tornou-se o adulto mais animado com os seios de sua amada. Ela foi ouvida e declarou que se sentia palco de jogos de muito bom gosto. Para a ciência, não há coincidências.

Tanto o grupo experimental como o controle, neste estudo duplo cego, brincou com a boca e a retenção das fezes, passando em seguida a experimentar prazer em tocar os genitais. É importante não reprimir tais exercícios, ainda que o estímulo, em excesso ou precoce, possa apresentar efeitos nefastos.

Em boa dose, o resultado costuma ser a produção de nova molécula, com estrutura quase idêntica às anteriores, com exceção de uma proteína globinoica no sexto anel interno. Por isso, foi chamada de pós-neossexalina.

O grupo experimental, sozinho e na presença da mãe, brincara mais do que o outro. O resultado foi a produção de um nível elevado de pós-neossexalina. Já o grupo-controle, afetado pela proximidade excessiva dos progenitores, incluindo casos de coleito, apresentou escassa produção. A conclusão aponta para o fato de que a estimulação exagerada ou precoce provoca um curto-circuito no processo. Rareia a produção. Estanca. De posse da pós-neossexalina, um pequeno grupo ganhou a liberdade de sair à noite. Nas baladas – nome dado a saídas de intenções sexuais –, os voluntários foram a campo. Minutos depois de ficarem com alguém, produziam uma substância quase idêntica à pós-neossexalina, diferenciando-se por uma leve tonalidade amarela. Chamaram-na *Amarelina Samuelson* em homenagem ao pesquisador Bjorn Samuelson, encarregado deste braço da pesquisa.

A amarelina traz tensão e contentamento. Impossível decifrar o semblante dos voluntários – adolescentes devidamente autorizados pelos pais – sob o seu efeito: alegria? Tristeza? Angústia? Tranquilidade? Evoca também a plenitude e a superação da própria morte.

A equipe conclui que há sempre tensão e alguma falha no mecanismo sexual, de forma que a satisfação plena não foi encontrada em nenhum dos duzentos mil componentes da amostra. Resta sempre um grau de frustração, estatisticamente significativa, conforme o teorema triangular de Mailson.

Surge agora um dos resultados mais convincentes para desfazer o mito psicanalítico ou qualquer outro a respeito da sexualidade. Toda frustração esteve acompanhada de algum cenário cuja descrição não caberia numa revista científica de ilibada reputação.

Há, inclusive, o boato (leigo) de que parte do material foi desviada por um grupo de ex-pesquisadores, que o veicularam no *YouTube*. Nem o episódio foi confirmado nem a ciência vive de boatos. Importa que o cenário produziu nova substância, chamada cenarina, diferente das demais por se tratar de um gene produtor de narrativas.

Os casos mais bem-sucedidos voltavam a produzir sexalina, neossexalina e pós-neossexalina, de forma que o circuito se retroalimenta para se fechar e abrir-se indefinidamente num leque de tratamentos eficazes para os transtornos da sexualidade.

A equipe, não satisfeita em desmascarar a psicanálise, pesquisa a produção de uma nova droga para acabar com o *Viagra* e seus congêneres, que logo estarão ultrapassados. A química também envelhece, como a psicanálise.

Os estudos anteveem a produção de uma substância que a mãe poderá ingerir um pouco antes de olhar para o seu bebê. Ou o bebê poderá ingerir antes de olhar para a mãe, de brincar com a boca ou segurar as fezes. Ou brincar de médico nos fiordes nórdicos e nas moitas sulinas. A criança, atraída pelo progenitor de sexo oposto, voltará a utilizar dose mínima da droga, bem como o adolescente (dose maior) na tal balada.

Os resultados são promissores para a indústria farmacêutica.

As toxicidades no rim e no fígado já estão sanadas. Mas resta uma dúvida sobre os efeitos colaterais, porque estudos realizados com ratos franceses – faltam ratos na Suécia – sugerem que alguns animais podem se apaixonar e, neste caso, ocorre grave desordem na produção das substâncias. Algumas cobaias, desavoradas pelo amor, ficam oferecendo queijinhos e outros quitutes para os parceiros num teor de sexualidade cujo entendimento a equipe ainda não obteve. Mas, com frieza e objetividade não psicanalítica, obterá.

No entanto, há outra fratura. A maioria está convencida de que o amor cria um viés metodológico insuperável, e o melhor seria afastar seus portadores da pesquisa. Há quem defenda a hipótese de isolar, em enfermarias de alta segurança, os sujeitos apaixonados.

Não mais do que dois ou três pesquisadores acreditam que o amor deva ser estimulado, mas não têm comparecido às reuniões. Passam dias e noites fora do trabalho. O motivo da ausência é ignorado. Sabe-se que retornam com olheiras profundas e uma expressão indisfarçável de dor e felicidade.

O pesadelo dos pesquisadores reside na hipótese de que a paixão explique a sexualidade, e a pesquisa se torne dispensável.

# 12
## QUATRO AMIGOS E UMA COMPOSIÇÃO*

Palabra por palabra
tuve que aprender
las imágenes
del último outro lado. (Pizarnik, 1990)**

Agora eu vou contar a minha vida, mas não se assustem, porque não vai dar um livro grosso cheio de letra pequeninha e sem gravuras, desses que só de ver a gente começa a bocejar até adormecer. Deve dar uma composição curtinha e com desenho, dessas que em cinco minutos a gente lê na aula, depois fica lembrando e querendo ouvir outra vez e para sempre.

Como pode ser bonito lembrar! Sempre adorei tornar as coisas mais belas do que são. Mas sem mentir, porque sempre adorei a verdade mais do que tudo. Na verdade, eu sou mais inteligente do que bonito. Eu sou tão inteligente que chego a ficar bonito.

Às vezes, penso – eu sempre pensei muito – que uma vida pode ser resumida em um nome, uns amigos, uns problemas e muitas alegrias. A composição é o resumo de uma vida.

---

* Reescrito a partir de uma Aula Inaugural, ministrada na Sociedade Brasileira de Psicanálise de Porto Alegre.
** Palavra por palavra / tive de aprender / as imagens / do último outro lado.

Vamos então começar a resumir, quer dizer, continuar a contar a minha vida.

Nada tem sido fácil. Nem meu nome, que é um. Nem meus amigos, que são três. Nem meu problema, que é um problemão.

O meu nome é Freud. Não é Fred, Frederico ou maçarico, como quem não é meu amigo vive dizendo a fim de me zoar. É Freud, mas se pronuncia Froidi, porque é como se diz lá de onde eu venho. Eu venho de longe. Não só de dentro, porque eu penso muito e vivo a maior parte do tempo sozinho. O pensamento vai longe. Eu venho de longe, onde neva e faz muito frio.

Meus três amigos não são frios. Gostam de mim com tanto calor que até Froidi eles dizem direitinho. A gente se dá muito bem, eles é que não se dão direito. Um se chama Id e é um cara supermaluco. Ele só é meu amigo, porque é meu amigo. Ele só faz o que quer, ou seja, passa o dia tomando Coca-Cola, comendo batata-frita e vendo tevê a cabo. A Coca--Cola ele só quer gelada. A batata-frita não é ele quem faz. E fica gritando:

– Mãe, mais batata.
– Maria, mais frita.
– Gente, mais quente.

A mãe dele tem que pedir a batata, a Maria fazer a batata, senão ele solta um grito tão forte que quase estoura os ouvidos de quem tá perto. Ou então ameaça chamar o pai, um cara metido a Super-Homem, que tenta mandar em todo mundo e, às vezes, consegue. Mas, no fundo, é um fracote. E, se não passa desenho engraçado no *Cartoon Network*, se passa um programa mais sério, desses que tem de pensar – o Id detesta pensar –, ele desliga a tevê. Depois, para. Ainda bem, porque aí ele brinca muito entre uma batatinha e outra: anda como se fosse um personagem de desenho, corre como se fosse um carrinho de corrida, voa como se fosse um avião de verdade. E imagina como um menino.

Eu também gosto, porque ele adora desobedecer. Eu gosto de desobedecer, ter a coragem de pensar por mim, como ele tem. Isso me cria alguns problemas como ter menos amigos, além de me colocar num certo isolamento, mas eu prefiro assim. Os que ficam são mais sinceros e inteligentes. São mais afetivos. Eu gosto de todas as formas de pensar, especialmente as mais livres.

O outro amigo se chama Supereu. Este sim é um cara superchato. Ele só é meu amigo porque eu gosto dele. Organizado demais, vive se pegando com o Id, dizendo pra ele comer menos, beber menos, ver menos *cartoon*, ver mais programa de pensar muito, ler mais jornal, brincar menos. Como se o Id ouvisse alguma coisa. Vive também falando pra eu prestar mais atenção nos meus problemas (logo eu, que vivo prestando).

Ele diz com um tom de voz adulto:

> – Froidi, obedece.
> – Froidi, presta atenção nas aulas.
> – Froidi, faz os temas.

Ele é um cara que adora obedecer e prestar atenção. Ele tem o ouvido pregado nas coisas de mãe e pai.

Eu também gosto às vezes de obedecer e prestar atenção como ele; eu também gosto às vezes de ouvir coisas de pai e mãe, mas nem sempre. Depende do Ego, o meu terceiro amigo, que não é louco nem chato, mas é de lua, porque tem dia que se agarra no Id e me manda esquecer os problemas. Aí ele diz com uma voz bem relaxada:

> – Vai jogar carta, Froidi, tomar Coca-Cola, comer batata, ver desenho, brincar.

Eu vou. Mas ele é muito influenciável, uma espécie de Maria-vai-com-as-outras e tem dia que vai com o Supereu; então me manda comer menos, beber menos, brincar menos e prestar mais atenção nos meus problemas (logo eu, que vivo prestando).

Daí eu presto atenção até nos meus problemas antigos, que passaram. ELES NÃO PASSARAM, grita o Supereu como se eu ainda ficasse roendo as unhas como antes. Ou não conseguisse fazer cocô como antes de agora e depois das unhas. Ou como se eu ainda quisesse pedir a minha mãe em namoro como antes de agora e depois das unhas e do cocô:

> – Para com isso – eu digo – minhas unhas já tão compridas, eu tomo suco de ameixa duas vezes por dia, vou ao banheiro todas as manhãs, sempre na mesma hora, faço tudo ligeiro, mal dá tempo de ler a revistinha da Mônica, e minha mãe já me mandou parar de incomodar com a história de namoro, porque ela tem namorado, que é o meu pai.

Aí eu presto atenção no meu problema atual. Este sim é um problemão. Mas é difícil falar dele, e eu prefiro contar um problema menor. Eu também gosto desses deslocamentos. O problema menor é que eu adoro jogar carta com os meus amigos, mas o jogo costuma não dar certo. O Id rouba os coringas, ele quer ganhar de qualquer jeito. O Supereu quer ser justo e diz que ele roubou. O Id jura que não, e o Ego, que não sabe se quer ganhar ou perder, manda eles se acertarem. Eles não se acertam, dá uma confusão enorme, mas eu gosto. Guardo certa atração pelo conflito entre as pessoas, adoro ficar tentando entender, mesmo que nunca entenda assim completamente. A gente passa horas e horas jogando e, enquanto a gente joga, eu fico pensando e comendo uns charutos de chocolate, que são tão bons quanto à batata frita.

Mas tem uma coisa que eu adoro mais que o jogo de cartas e os charutos. Não é fácil escrever isso – o problemão –, mas eu vou. O papel não fotografa a minha cara vermelha. O papel aceita tudo, e agora eu não vou deslocar.

Adoro a ideia de ficar com a Martha, uma garota da sala 102. Martha mesmo, com "h", porque, diferente das outras, ela é especial. Até a sala onde ela estuda é maior do que a minha (a 104), além de ser mais bonita, com janelas amplas e vista magnífica para o jardim.

O Id me manda ficar com a Martha, dizendo com uma voz relaxada:

> – Chega lá e oferece Coca-Cola com batata frita. É irresistível.

O Supereu me manda não ir para ficar estudando. Aí o problemão começa, porque eu não quero decepcionar os meus amigos e quero, ao mesmo tempo, ficar com a Martha e estudar.

Eu também adoro estudar, porque estudando a gente pensa. Pensa no laboratório de química, nos problemas de matemática e também nos das pessoas como eu já falei. As pessoas não são como a matemática e, por isso, são mais interessantes. Sempre que a gente encontra alguém, alguma coisa se repete, mas também é diferente. Gosto de ficar estudando, pensando, comparando a vida da gente com as histórias das revistinhas tipo a Martha é a Mônica, e eu sou o Cebolinha. Gosto de achar solução pra tudo, mesmo sabendo que nada tem solução fora das revistinhas.

Mas o Supereu vive me dizendo pra estudar, mesmo nas vezes em que eu não estou a fim – como no sábado, quando me dá vontade de jogar carta com eles ou de ficar com a Martha. Ou ajudar os meus amigos, outra coisa que eu gosto muito. É um deles se sentir meio lesado que mando deitar inteiro na tábua do meu carrinho de lomba. Eu digo:

– Desabafa que melhora.

O Id diz, já deitando:

– Tou com a barriga entupida de Coca-Cola. Sinto que exagerei.

O Supereu diz, interrompendo o Id:

– Não me aguento de vontade de tomar Coca-Cola. Penso que me segurei demais.

O Ego diz, ocupando o seu lugar:

– Ai que dor de cabeça desses dois buzinando nos meus ouvidos.

Eu e meu carrinho de lomba vamos ajudando os caras a falar. Às vezes, falar alivia mais do que jogar carta ou descer lomba a toda velocidade. Falando, a gente fica balançando pra lá e pra cá, no colo do carrinho de lomba, e olha que os rolimãs nem mexem... É tudo por dentro das cabeças.

Tem outra coisa importante que preciso dizer nesta composição. Tem a ver com a pior parte do problemão; é difícil de falar, mas eu vou: eu nunca tinha ficado com a Martha. Eu escrevia umas cartas pra ela, que respondia meio animada, dizendo que eu escrevia muito bem e um dia poderia me tornar um poeta como o Goethe (a Martha lia muito). Mas ficar que é bom eu não ficava. Assim deixei o Id mais louco do que era. Fiquei estudando e pensando na química, na matemática, nas pessoas, nos problemas e cheguei à conclusão de que pensar é muito bom.

O Supereu me aplaudiu como se eu tivesse feito uma manobra radical no meu carrinho parado. Mas eu sabia que precisava resolver o meu problema. Além de pensar, era preciso deslocar-se e fazer. Era preciso andar de carrinho mesmo.

Um dia, teve uma festa de São João lá no colégio. A Martha apareceu sem problema, toda maquiada e com um vestido muito comprido. Ah, isso foi meio bom! Eu digo meio, porque já me dei conta de que nada é totalmente bom, sempre tem o outro lado; vejam este caso do vestido: bonito por um lado, mas, por outro, era comprido, e a gente não podia ver nem um pedaço da perna.

Falando nisso, tinha uma fogueira no outro lado do saguão. Era São João, e a gente pulava sobre as chamas. O Id saltou sem se preocupar se ia dar ou não. O fogo estava meio alto e queimou um pedaço da perna dele. Ele gritou de dor, depois foi tomar Coca-Cola sem se preocupar com a dor.

O Ego também não pulou direito, mas queimou só o dedão do pé e ficou horas fazendo um curativo com gaze e mertiolato, que arde mais do que mercúrio-cromo, mas funciona melhor, como diz o Supereu.

O Supereu não queimou nada. Ele esperou o fogo diminuir e calculou a distância direitinho:

> – Dois metros da fogueira, mais um metro e trinta e dois que eu tenho, mais o pulo pra cima meio enviesado e...

Foi aí que a Martha passou na frente dele e saltou também. Quer dizer, na verdade – ah, eu adoro a verdade –, não foi bem aí, porque o Supereu saltou antes, mas o salto dele não teve nenhuma graça, porque foi perfeito, não queimou nem um pouquinho, e as pernas não tinham beleza nenhuma.

A Martha saltou depois. Sozinha e depois. Foi aí que o vestido comprido ficou que nem uma saia curta e as pernas apareceram. Isso foi totalmente bom, sem outro lado nenhum.

Que pernas! Muito mais lisinhas que as do Id e as do Supereu. Muito mais brilhantes que as do Ego. Mais curvas, sem pelos nem queimadura. As pernas da Martha eram mais bonitas que as cartas do baralho. Que os carrinhos de lomba. Que os estudos e os livros. E olha que eu era como a Martha, eu lia muito! As pernas dela nem se comparavam com as da Mônica; eram mais exuberantes do que tudo o que eu pensava (e olha que eu pensava muito)! As pernas da Martha pareciam sem problemas. E devo confessar nesta composição sem mentira de quatro amigos de verdade: eram mais bonitas que as da minha mãe.

Ao meu lado, comendo pinhão e bebendo Coca-Cola, o Id gritou:

– Vai, Froidi, fica com a Martha. Tu queres, vai ser legal. A mãe dela ficará sabendo e vai te convidar pra viajar com eles; na praia, tu comerás melancia, uva, puxa-puxa, sonho com mumu, casquinha de três sabores, milho verde e muito mais. Talvez até sorvete com cobertura de chocolate. Vocês vão jogar fliperama, boliche, minigolfe, ir ao parque andar de trem-fantasma, ao cinema ver *Irma la Dulce* e depois vão se beijar no cantinho da boate da Sociedade dos Amigos de Capão da Canoa.

Foi ótimo de ouvir. Mas, do outro lado, sem comer nem beber, só olhando o pinhão quente, o Supereu falou com aquela voz convincente:

– Não fica, Froidi, foge enquanto é tempo. Tu queres ficar com ela, mas tu não podes. O pai dela ficará sabendo e vai bater em ti, longe da praia. Ou na praia mesmo, num dia de bandeira preta, depois te jogará no mar agitado pra lá da terceira rebentação, onde tu darás um barrigaço no fundo da areia com a tua barriga descascada ao lado de um tubarão-martelo que te martelará mais ainda.

Ah, isso foi horrível de escutar.

Mas agora eu só escutava o fogo. Ele cresceu de novo na fogueira cada vez mais alta. Iluminou mais ainda as pernas da Martha. Iluminou a Martha inteira, e eu pensei que ela era bonita até nos pensamentos. O calor me fez suar, tremer. Eu fiquei pensando em mim, nas pernas, em mim e na Martha inteira, tomando Coca-Cola e comendo batata frita ao meu lado. E sonho com mumu, puxa-puxa e bebendo Fanta laranja ou uva com muito gelo. Eu fiquei sonhando até com cachorro-quente com mostarda e maionese, que disso eu gosto mais que o Id gosta de batata e Coca.

A essa altura, meu pensamento era só sentimento e me deu um troço estranho: o fogo aumentou lá fora, os pensamentos sumiram, e eu fui. Fui ficar com a Martha. Ofereci pinhão quentinho, Coca-Cola bem gelada e disse coisas que nem lembro. Só lembro que fiquei e foi muito, muito bom, sem outro lado. Confesso que cheguei a imaginar a Martha mais que do meu lado, e eu preciso contar nesta composição sem mentiras: eu cheguei a me imaginar dentro da Martha.

Agora que voltei a pensar, quero apresentar quatro conclusões. Graças ao meu amigo Supereu, eu sou um cara superorganizado no meio dos meus sentimentos estranhos:

1. Ficar é melhor do que pensar.
2. Ficar é melhor do que charuto de chocolate.
3. Ficar é melhor do que escrever carta.
4. Deve ser maior do que a poesia do Goethe.

A gente ficou lá no quadrado, uma espécie de pátio meio isolado que tem no fundo do colégio. Os meus amigos batiam bola pelo campeonato de São João. Eles jogavam com um olho só, porque o outro tentava nos espiar.

Eles espicharam os pescoços, ficaram vesgos de tanto tentar, perderam gols feitos, mas não nos viram direito. Eu até entendo que têm uns caras que fiquem olhando em vez de tentar fazer... E aí já me deu vontade de entender. Eu sempre quis saber como é que pode.

A composição era pra ser mais comprida sem ser chata. Pra ser legal como essas que levam uns quinze minutos pra gente ler na aula, mas no final pensa que foram só cinco e depois fica querendo lembrar. Porque eu tinha resolvido contar toda a ficada como quem viu direitinho com os dois olhos e agora pode falar de todos os detalhes como do pinhão quentinho e da Coca-Cola bem gelada. Eu ia contar tudo como tinha pedido o Id, quando falou com a voz relaxada:

– Tudinho, Froidi.

Mas o Supereu, depois do jogo, arrancou um pinhão quente da mão do Id e esfregou na minha cara, dizendo com aquela voz adulta:

– Conta nada, Froidi, guarda tudo pra ti. Tu vais assanhar demais a turma, e isso não é legal.

Mais do que pelo pinhão quente no meu rosto ou pra não assanhar o próximo, é pela minha profunda confiança no Supereu que eu não vou contar. Ele deve saber o que faz.

Eu sei que, quando contei pros três que eu não ia contar pra ninguém, o Id ficou mais louco ainda:

– Idiota – falou, dando um daqueles gritos de quase estourar os ouvidos da mãe dele e da Maria.

O Supereu mandou o Id ficar quieto e me agradeceu de joelhos, dizendo com uma voz serena:

– Valeu, seu responsável!

O Ego, meio contente, meio triste, entre olhando o sol que brilhava e o curativo do pé que doía, falou:

– Tudo bem, Froidi, não precisa me contar, agora eu já sei imaginar.

Foi bem isso que o Ego fez. E vocês podem fazer também, se é que já não estão fazendo desde o começo da composição, que agora sim acabou.

# 13

# O ENCONTRO DE UM TERAPEUTA COGNITIVO-COMPORTAMENTAL E UM PSICANALISTA NA GALETERIA*

Este capítulo deveria começar com uma epígrafe. E até nisso há conflito. Porque era para ser aquela "o menino é o pai do homem", comumente atribuída aos Machados (Antônio ou de Assis), mas sendo do poeta Wordsworth. Ela não parece a mais adequada. A mais adequada seria "Mostre-me seus filhos e direi quem és", mas seu autor não foi localizado. Pode ser bíblica, pode ser minha, pode ser tua. Agora é nossa e está confusa, em sintonia com o texto que apresenta.

Quarta-feira à noite. Dia dos homens saírem para jantar com seus filhos. O psicanalista e a sua filha entraram na galeteria. Ela estava quase vazia. Com um olhar de esguelha, ele o viu. Conheciam-se muito bem. Estava à mesa do canto, no primeiro ambiente, com a filha também. Havia todo um espaço vazio para ocupar, perto da tevê ligada. A filha do analista optou pela mesa ao lado da dele. Era criança, queria calor humano. Ainda era diferente dos adultos e suas teorias, diferenças, vaidades inconciliáveis.

Ali estava. Era ele, o terapeuta cognitivo-comportamental. Conheciam-se muito bem. Já tinham se encontrado em alguns Congressos de saúde mental, haviam compartilhado duas mesas, o relacionamento era tenso. Como o de duas crianças, disputando o mesmo brinquedo.

\* Reescrito a partir de uma palestra no Círculo Psicanalítico do Rio de Janeiro.

Cumprimentaram-se secamente. Diplomaticamente. Discretamente.
– Eu pensando em tudo isto, foi o primeiro pensamento do analista.
O segundo foi: – Ele não deve estar pensando muito.
O terceiro: – Homem saindo com a filha quarta à noite... A mulher não deve ter suportado. Ninguém aguenta um cognitivo-comportamental.

Feitos os cumprimentos, o analista sentou-se de costas para ele, deixando a filha no lugar que ela também escolheu: de frente para a outra criança. Afinal, ela ainda não estava fulminada pela impureza da teoria: queria encontros. A prática.

Quando vieram as entradas, o cognitivo-comportamental já estava na sopa de capelete. Soube, porque ouviu barulho de boca deglutindo líquidos, enquanto desfiava o verbo, confirmando as suas expectativas. Ele dava ordens. Antecipava o fim de semana que teria com a filha. Prescrevia pensamentos e atitudes. Era um cognitivo-comportamental. Viajariam. Tudo estava planejado, horário de chegada, refeições, banho de piscina, que ela não incomodasse, não brigasse, obedecesse, respeitasse. Foi interrompido pela filha que, olhando para a tevê, perguntou:

– É a das Índias?

Ele não sabia se era a novela *Caminho das Índias*, ele se esforçava para que a filha não visse novela. Mas pelo horário pôde responder que era a das sete.

– Ah, *Caras e bocas*, falou a filha, de cinco anos, a mesma idade da outra e já especialista em novelas.

Aquilo abalou o psicanalista. Lembrou que num dos congressos havia feito uma pregação teórico-clínica sobre crianças assistindo novelas, o cuidado necessário com a intersubjetividade e a importância de filtrar os produtos culturais na sociedade de consumo. O cognitivo-comportamental participou da mesa-redonda, mas disse pouco. E agora, na quadrada, parecia exultar.

A filha do analista não foi adiante. Ele recuperou o ar de superioridade quando a do colega derrubou duas polentas com molho. Aí deixou escapar o pensamento: – Com ele é sempre assim, a vida não se sustenta do subjetivo à polenta. E acrescentou: – Eis um homem jamais apresentado a uma rima rica. A um paradoxo...

Seguiu pensando: – Limitado. Ao contrário da sua filha, tranquila, já não mais olhando para a novela e toda interessada numa conversa intersubjetiva, prestes a expandir mais metáforas.

A vitória era iminente. Ainda mais quando caiu a terceira polenta. Com molho. Ainda mais quando, entre uma costelinha de porco e um filé com bacon, a menina derrubou a cadeira. A conclusão era óbvia: ela cavava a infância aqui e agora. Defendia-se, com a hiperatividade, da falta de encontros verdadeiros. A hiperatividade era dinâmica. Não cedia a pregações – o pai pregava –, mas a entendimentos afetivos.

Vibrava, mas foi aí que a sua filha o interrompeu com a pergunta:

– Pai, tu preferes a vida ou a morte?

Sentiu que o outro se acendeu. Quanto a ele, quase se virou de costas para dizer que ali estava uma criança inteligente, filósofa, com questões existenciais, capacidade de mentalização e introspecção, ligada à vida e à morte. Disse para si: – A vida, prezado cognitivo-comportamental, também dói. A dor não cede a regras premeditadas. Ninguém pode sedar uma dor profunda e verdadeira.

– A vida, filha, a vida – respondeu, pensando no gosto da subjetividade, mas logo foi interrompido:
– Pai, por que tu preferes a vida?
– Ora, filha, porque a gente pode fazer um monte de coisa legal, como vir aqui na galeteria, pensar, sentir, relacionar, relacionar-se. Sonhar. Observar os outros...

O cognitivo-comportamental acabava de sair de um telefonema em que dava orientações para um paciente. Chegou a tempo de ouvir a filha do analista dizer:

– Pois eu prefiro a morte. A vida é uma porcaria.

Já estavam nas massas – os outros começavam as sobremesas – e sentiu que o cognitivo babou de alegria com a rondelli de espinafre.

Foi um golpe forte, quase fatal. A filha do analista achava a vida uma porcaria. Toda a subjetividade perdida. A mentalização. Nem o Kierkeegard do desespero poderia salvá-lo. Nem o Kant da coisa sem nome.

Nem o Freud do *Mal-estar na civilização* (Freud, 1996a). O cognitivo--comportamental triunfava e se inclinava tanto para ouvir aquele diálogo que quase sentia o colega roçar o seu pescoço.

Sem se entregar, o analista perguntou:

– Nada se salva, filha?
– Olha, pai, ontem eu tive um sonho legal.

Então – Sísifo que não se entrega –, sentiu o poder da recuperação: era a vez do outro se engasgar. As lutas terminam somente depois do último golpe. Os jogos terminam depois do apito final – refletiu como se fosse o único a fazê-lo. E perguntou-se: – O outro saberia o que é um jogo? O outro se engasgava. Pelo tamanho do engasgo, parecia provocado por um espaguete a alho e óleo. A vantagem o reencontrava. Pelo menos durante o sonho:

– A gente tava numa outra escola, que não existe.

Então pensou, enquanto ouvia a filha: – Viu só? Ela sonha, valoriza o onírico e constrói até escolas que nem existem.

– Eu me apoiava na minha amiga Marta, a Marta em mim, mas, quando uma subia na outra, a debaixo da uma não sumia da em cima da outra, ia juntando, era legal.

(Viu só, comportamental? A abstração no estado mais puro. Jogo de espelhos à Borges. Significados múltiplos.)

– E, então, filha?
– Então, a gente conseguiu espiar na janela e ver a bunda do João.

A esta altura, uma terceira mesa estava ocupada. Um casal sem filhos quase engasgou na sopa, sob o efeito da palavra bunda.

Era aquilo que salvava a vida da filha? Sonhar com a visão da bunda de um colega. O resto perdia da morte.

O cognitivo-comportamental estava prestes a triunfar em definitivo. Mas o analista foi salvo pela queda da torta de sorvete nas mãos da filha do outro, pedindo atenção novamente. Quanto à sua, repetia que, fora do sonho, preferia a morte. Ele ainda se sentia ameaçado. Foi quando a outra falou:

– Pai, a viagem vai ser uma merda.

O terapeuta não respondeu, e o analista poderia responder por ele. Mas foi interrompido pela sua filha, que bradou:

– Pai, quando eu crescer, quero ser ladra. Ou a louca do pedaço. Tenho planos para isso.

Era aquilo uma derrota? Uma vitória?

Ele estava como nas descrições de Euclides da Cunha de *Os sertões*, um vencedor sem troféu. Compartilhava o amargo sabor com o colega, ao lado do casal todo engasgado, só não mais do que eles.

Despediram-se como num melancólico poema de Manuel Bandeira, saudando-se discretamente na quarta-feira à noite. Com filhos ruidosos da vida, que explodia imperfeita, na prática, além de qualquer teoria. Não havia vitoriosos ou derrotados, só viventes.

O analista saiu com a sensação de que o outro faria mais prescrições de pensamentos e atitudes. Mas o olhar deste apenas expressava a sensação de que aquele prescreveria mais sonhos absurdos e relatos inapreensíveis.

Não havia triunfo, só a vida em si. E a morte. Unia-os talvez a sensação de que a realidade é maior do que os conceitos sobre ela. Também a vontade de prescrever um pensamento melhor do que este. Ou de sonhar. Com alguma alma. Com alguma bunda.

# AFINAL, PARA QUE PSICANÁLISE?*

[...] ele era, ao mesmo tempo, alegre e triste, cético e crente, meigo e cruel, sentimental e escarnecedor, clássico e romântico. (Heine, 2011)

Ternura, aspereza – delicadeza, grosseria – sentimento, sensualidade... sujeira e deidade – tudo misturado nesse composto de inspirada argila. (Keats; Burns, 2009)

Eu começo pelo fim, pelo menos do ponto de vista da psicanálise. Ou de uma de suas autoras, Melanie Klein (1991).
    Ela conta que nascemos invejando. E atacando a fonte da inveja. Se o outro – a mãe, a cuidadora – resiste, a gente termina agradecendo. Assim faz o bebê com a mãe. Klein chamou o fenômeno pelo nome: inveja e gratidão.
    Falando em resistir, outro psicanalista, o Winnicott (1969b, 1975), especificou que a maior função de um psi (e dos pais e dos educadores) é sobreviver aos ataques. A prática está cheia de casos assim. O que fazemos? Suportamos e fazemos pouco mais do que tudo isto.

---

* Reescrito a partir de uma Aula Inaugural, no Curso de Psicologia da Ulbra.

Pouco? Penso que a psicanálise nasceu assim. Desfazendo uma ilusão quando o ser humano, depois de séculos de guerra e festa, achava-se senhor da festa e ignorava a guerra. A guerra dentro de si.

Freud, olhando e, sobretudo, olhando-se, lançou o pilar maior de sua ciência: somos governados por forças que ignoramos; somos desgovernados diante das realidades de dentro e de fora. Fulminados por uma ignorância condenada a repetir-se, salvo se for descoberta.

Eu também era uma criança desgovernada. Em parte, infeliz. Tentava ser feliz inteiro e não conseguia. Tentava encontrar um sentido que não encontrava.

Quem entrou? A psicanálise? Longe disso. Ou perto. A literatura entrou. Tem um poema do Manuel Bandeira que termina assim: "O meu porquinho da índia foi a minha primeira namorada".

Eu diria: a literatura foi a minha primeira psicanálise. Ela inaugurou a história de buscar representação, significado, certa ordenação para o caos. O antídoto do símbolo a partir do encontro com alguém ou um texto.

Não tinha ideia do que era isto, psicanálise, mas já lia e escrevia. E descobria, através das personagens, ritmos e enredos para a vida.

A história se refazia. Melhorava. A literatura divertia. E, sem que eu soubesse, me tratava.

Fui tratar-me, anos depois, quando me tornei psiquiatra. Ser um psiquiatra era quase insuportável. Talvez porque visse nos outros – maior em alguns casos, menor em outros – o que sentia como insuportável em mim.

Porque, a esta altura, eu já tinha lido um pouco de psicanálise e sentia que todo sintoma era uma voz, um teatro. Do que na realidade era insuficiente e deixava-nos na mão. Do que não pudera ser dito de outra forma, menos indireta que o sintoma.

Ser fóbico, deprimido, ansioso não era ter um nome indelével. Uma etiqueta eterna, rótulo inegociável. Tinha a ver com vida e morte psíquica:

> Não creio em diagnósticos,
> há vivos e mortos.
> Há tantos mortos, tive
> de passar uma temporada
> nos nomes. Levam-se anos
> para sair de um nome.

AFINAL, PARA QUE PSICANÁLISE?

Tu me tiraste com teu corpo esguio e tua fala de conteúdos
úmidos e acolhedores.
Agora há vivos e, quando o Deus de caligrafia perfeita
comer-nos como a seu filho,
haverá entre nós e o pó
um amor e um livro.
Que outra cura haveria?

O sintoma era a voz (a voz que se pôde), significava dramatizar, pedir socorro, pedir encontro. A psiquiatria em parte calava isto com doses exageradas de medicação.

Mas tinha a parte da psiquiatria que se alimentava da psicanálise. Ela pensava no quanto os sintomas traduzem conflitos, o quanto sintomas e conflitos advêm da qualidade dos relacionamentos precoces, o quanto transferimos estes para os novos repetidamente (salvo se conhecemos um pouco disso), o quanto adoecemos em encontros, o quanto nos restabelecemos em encontros.

Eu era muito a fim de encontrar. Mas, uma vez feito psi, precisava trabalhar. Meu primeiro trabalho foi pomposo no nome: Perito Psiquiatra do Centro de Observações Criminológicas da Secretaria da Justiça do Estado do Rio Grande do Sul. Era duro na prática, além dos nomes. Avaliava delinquentes para dizer se voltariam a cometer crimes ao serem soltos.

Ouvia as suas histórias, porque esta ainda é a grande fonte de avaliação psicológica. As histórias conversavam com a psicanálise que, a esta altura, tinha lido um pouco mais e vivido mais ainda, no próprio tratamento. As suas infâncias eram tristes de pouca mãe, pouco pai e muita carência afetiva. Os seus destinos, mais que histórias, eram de voltar a delinquir como os nossos de voltar a ficarmos ansiosos, fóbicos, deprimidos, salvo se entendemos afetivamente um pouco melhor as razões disso.

A esta altura, a psicanálise e a poesia me sugeriam o que fazer: compreender para, se possível, fazer. A psicanálise com Bowlby, um de seus críticos e pesquisadores, dizia que a gente vem ao mundo para se apegar. Quanto mais e melhor a gente se vincula com a mãe, o pai e demais cuidadores, mais e melhor a gente se desapega e vai ao mundo. Com um amor por dentro, sai em busca de outros. O poeta Pablo Neruda (1971) havia dito a mesma coisa – a poesia, outra vez – de modo mais claro: "Foi meu destino amar e despedir-me".

Os poetas sempre inspiraram os psicanalistas. Freud não faria o que fez se outros escritores não tivessem devidamente contado a condição humana da forma como ele retomou: Sófocles, Dostoievski, Schnitzler, Goethe, Zweig, Da Vinci, artistas conversando com o que disse o poeta alemão Heine, retomado por Freud: – Quero morar numa casa no campo, com bom pão e manteiga e todos os meus inimigos enforcados nas árvores para que então eu possa perdoar.

Ou seja, não somos bonzinhos. Carregamos a guerra, além da festa; além do bem, o mal. Isto é mais próximo do sentido autêntico, da verdade humana. A psicanálise oferece um banho de sentido para o imbróglio nas nuanças da vontade humana. Para a nossa incompletude.

Então me despedi e fui à França para me desapegar. Lá encontrei amores novos, como o psicanalista Serge Lebovici e me tornei um psiquiatra de bebês. Pesquisei muito com alguma arte. E me dei conta, outra vez, de que a literatura estava próxima da psicanálise. Ali nós as oferecemos a crianças em situação de risco, separadas de seus pais e vivendo em abrigos parisienses. Contamos histórias para conceder outro pilar da psicanálise. Somos habitados pelo não sentido, pelo não ser, pela coisa sem nome. Maltratados como as crianças, eles permanecem e desagregam, desintegram, pioram-nos.

O encontro em torno de histórias (a terapia, a análise) oferece a possibilidade de encontrarmos representações, símbolos, sentidos. Refazer laços, rever versões, solidificar afetos. A possibilidade de contar e cantar as dores. Construir novas histórias para lidar com o caos de um inconsciente ainda não historiado. Claro que ele é mais poderoso do que a tentativa de entendê-lo.

O encontro entre paciente e analista é uma pedrinha no meio da imensidão. Frutos dele como representar, dizer, simbolizar, achar o humor e recriar um jeito de se vincular são pedrinhas mínimas diante dos vastos vazio e inconsciente. Mas é possível ter esperança. Davi venceu Golias com uma pedra só. A psicanálise como ciência também é a arte da esperança.

É o que as crianças fizeram com *Os três porquinhos*, *Chapeuzinho Vermelho*. E com Chico, o palhaço apaixonado.

É o que fazemos com a psicanálise a partir de um encontro em torno de histórias. Para construir uma nova sem abafar o chamado da dor a fim de compreender a trama e retomar o ritmo (do começo ou reinventá-lo), que seguimos buscando para sempre. Talvez seja interminável (Freud).

Não o encontrei ainda, longe disso. Sempre que encontro, eu o perco e volto a buscar. Talvez sirva para isso a psicanálise. Seguido (todos os dias), sofremos da condição humana, mas os momentos de compreensão são de uma enorme alegria e tornam a tristeza mais criativa. Ao longo do ano, tornam-se mais e menos frequentes para quem trabalha com crianças.

A propósito, escrevi sobre o Pequeno Hans, este primeiro menino assustado pela condição humana e atendido pela psicanálise. Encontrei nele um analista (Freud) disposto a ouvir um pai e seu filho; um pai, acompanhado de um analista, aprendendo a brincar com seu filho; um analista ouvindo histórias de pai e filho e também contando as suas. E, finalmente, um sintoma que, depois de ser teatro, sofrimento e grito de socorro, desapareceu a fim de que a vida reaparecesse mais capaz de contar. E de viver.

O Pequeno Hans não foi completamente curado. Nem eu. Nem os pacientes. Há muito trabalho para melhorar um pouco. Resta a possibilidade de seguir compreendendo para viver melhor, o que significa mais intensamente. A psicanálise, quando funciona, amplia a percepção, a liberdade. E a dor.

No início do capítulo, havíamos falado em inveja e gratidão. Assim também o começamos, invejando os escritos alheios diante de nossas páginas em branco. Mas não nos retiramos. Afinal, lemos e nos tratamos, nem que para perder sempre, como ensinou outro de meus primeiros analistas, o escritor Mário de Andrade.

A literatura aliviou disso, pondo-me a escrever. Mais tarde, vou reler. Mais tarde, acharei que ficou aquém do ideal. Então, precisarei de mais literatura. E de mais psicanálise. Não sei bem para o que serve, mas tudo isto basta para eu servir-me dela.

# PARTE II

# PSICANÁLISE E LITERATURA

# 14

## DA REALIDADE LÍQUIDA A SOLIDEZ DO AMIGO IMAGINÁRIO*

A questão da ausência sempre esteve presente na psicanálise. Freud também se referiu a ela ao abordar a brincadeira. Os autores contemporâneos não cessam de procurá-la (Green, 2010).

Dito isso, é preciso reconhecer que, para falar de amigo imaginário, deve-se antes mencionar o inimigo real. Ele ameaça, ele confronta, não podemos bater de frente. É como os monstros, a quem é preciso respeitar, escolhendo cantigas certeiras, fantasias eficazes, afetos sólidos ou pelo menos expressados firmemente. E, claro, o escudo de bons encontros. Ninguém encara um monstro sem histórias ou metáforas. Sem amigo, nem que imaginário.

Continuemos o embate a partir da ausência, que retomaremos no final: viagem que se preze parte, encontra, depois volta às origens. Agora Freud, outra vez. Afinal, ele não fez apenas o primeiro atendimento de um adulto por meio da psicanálise. Realizou também o de uma criança.

O Pequeno Hans tinha cinco anos e, depois de passar um bom tempo interessado por pintos pessoais e alheios, desenvolveu uma fobia. Agora queria ficar escondido em casa, porque tinha medo de ser mordido por um cavalo.

---

* Reescrito a partir de um artigo publicado originalmente na revista *Pátio Educação Infantil*.

Freud viajou no caso, sem medo das origens e seus desdobramentos. Com empatia, dedicação. E, com o pai de Hans, mostrou-se um precursor no entendimento da parentalidade, este processo intrincado de se tornar mãe e pai. Iniciou a viagem, pensando na importância daquela mãe meio invasiva, que punha o filho para dormir com ela e que não legitimava o nome deste pai (Lacan, 1995).

Mas, cuidadoso em seu deslocamento, o psicanalista Sigmund Freud jamais se aliou àquele pai para criticar esta mãe. De cuidado em cuidado, chegou à figura paterna a quem o filho amava e odiava ao mesmo tempo. Cada um tinha a sua parte. Todos estavam implicados. Haja estrutura mental para suportar a realidade de tamanha ambivalência! Sem amigo, real ou imaginário, nem pensar.

Juntando prática e teoria, ouvindo e compondo uma história, o sintoma de Hans esbateu-se. Esta foi a realidade do começo. Este foi o caso real. O inimigo concreto era borrifado de ambivalência e desejos (abstratos) de amar uma pessoa proibida e matar outra, que era temida.

Expressada a realidade, já é possível imaginar. Imaginemos que o Pequeno Hans fosse capaz de inventar um amigo, o Grande Schultz. Numa daquelas noites de Lainz, quando o pai estava ausente e a mãe punha o filho para dormir com ela, Hans chamaria Schultz:

– Herr Schultz, tenho um compromisso importante: vou pedalar nos jardins do palácio. Mas a rainha Graf (a mãe de Hans) está muito sozinha e precisa de companhia para a noite. Pode me quebrar o galho?

Herr Schultz quebraria. Mais adiante, o Pequeno Hans seria abordado pela mãe, como aconteceu na realidade. Vendo o filho com a mão bem ali, no principal foco de seu interesse, ela ameaçou cortar o pinto. Em nome da moral vitoriana.

Na verdade, Hans tinha sido inteligente. Quando a mãe lhe perguntara com o que continuaria fazendo xixi, ele respondeu que com a bunda. Em nossa imaginação, seria ainda mais fácil; o filho chamaria o Grande Schultz novamente:

> – Querido amigo, hoje a mãe passou dos limites. A minha bunda agora corre perigo. Podes aplicar um corretivo na mulher ensandecida? Mas, por favor, com cuidado, mães são sensíveis, alimentam-se do seu próprio narcisismo. E filhos não podem viver sem mãe, pelos menos não antes de realmente encontrarem um amigo imaginário.

Herr Schultz aplicaria o corretivo com todo o cuidado e daria um endereço falso para o doutor que viesse castrar o amigo. Ele que encontrasse alguma esfinge.

O amigo imaginário seria um ícone da saúde mental do Pequeno Hans. Assim como a de Wolfgang, José, Joaquim e qualquer menino ou menina deste mundo. Mas não é fácil chegar a um amigo imaginário.

O começo da vida é marcado pela vulnerabilidade. O bebê depende do outro para tudo, inclusive para sobreviver. Isto inclui resistir a um aparelho psíquico em formação, pleno de angústias inominadas e de toda ordem (Bion, 1979ab).

O outro nos salva, o outro nos salva sempre (Sabato, 2008). Em psicanálise, ele é definido como objeto. De objeto nada tem, é feito de carne, alma e capacidade de interações das mais variadas. Dependemos de seus afetos e fantasmas. Do equilíbrio de sua presença e ausência, que nos constituem.

Há vários construtos teóricos, dando conta desta prática.

Winnicott (1969b, 1975) descreve-a como um espaço potencial, construído entre o eu e o não eu. Ou entre o bebê e a mãe.

Pavlovsky e Kesselman (2007) o desenham como um lugar abstrato, construído entre amigos na infância, espécie de refúgio a que poderemos recorrer antes de sermos agarrados por uma depressão, vinda do desacordo com a realidade.

Diatkine (1994) não inventa um nome; faz mais do que isto, considerando a criança saudável como a capaz de inventar outra história.

O amigo imaginário é a outra história do Diatkine, do Pavlovsky, do Winnicott; a brincadeira, a bobina do sonho, tentando elaborar o real (Freud, 1977). Ele é a segurança sob a forma de metáfora literária ou cinematográfica para suportar os mundos de fora e dentro, sem efeitos colaterais; pelo contrário, expandindo capacidades reflexivas e criativas. Ele é a corda que estica para suportar o vento. A corda decisiva e necessária, desde que não abusada a ponto de rebentar.

O amigo imaginário também foi construído entre o eu e o não eu, entre o bebê e a mãe. Traz resquícios de mãe e de pai, permitindo suportar a ausência deles. É e não é amigo, como os pais.

Ele preenche o lugar abstrato, erigido na infância, espécie de refúgio em que era possível descansar quando mãe e pai (objetos) estruturavam por um lado, mas pelo outro flertavam com a carência e cumpriam a ameaça de retorno das coisas sem nome de sua relação com seus próprios pais. Tudo, afinal, começou há séculos.

Ter um amigo imaginário significa receber dos objetos parentais um banho de vida suficiente para evitar que eventuais faltas d'água nos ameacem com a morte seca dos vazios e da presença do inominado. Ele é o esboço da alternativa para as separações primordiais. E para os reencontros. Ou seja, o esboço de tudo. E a vida, quando acende, reencontra. Se o amigo está excessivamente presente, isto pode ser um sintoma que o esgarça, a corda para estourar. Mas ainda é o que de melhor o sintoma pôde inventar para contar a insuficiência do ambiente.

É preciso que uma suficiência de pais, entre a presença e a ausência, tenha concedido à criança a possibilidade de apegar-se e separar-se com capacidade de criar uma nova realidade. Poder abstrair, relativizar. E simbolizar (Klein, 1967a).

O amigo imaginário corresponde à nova realidade, ao símbolo, à metáfora. Tudo o que se quer na literatura, na psicanálise, na vida. Toda criança razoavelmente saudável saberá, a partir dele, transitar entre a realidade e a fantasia sem chafurdar em nenhuma delas. Na dose razoável, a que basta.

Se chafurdar, a responsabilidade não é do amigo, e sim dos objetos (o ambiente excessivamente pesado); não lá onde foram capazes de engendrar a possibilidade do amigo, mas onde não se fizeram suficientemente presentes para engendrar a alternativa.

Agora que já viajamos da dura realidade à delícia do amigo imaginário, voltemos às origens.

Tive um amigo real. Chamava-se Maurício.

Nas voltas duras da vida, ele teve de participar de uma guerra. Foi no Líbano, há poucos anos. Durante ela, matou um inimigo que talvez pudesse ser seu amigo. E viu uma bomba cair em cima de quem seu amigo já era.

No hospital do front, inventou um cachorro. Depois de sobreviver, disse que era o seu amigo imaginário. O cachorro era um pouco diferente do que tivera há muitos anos, quando ainda era criança e meu melhor amigo. O original chamava-se *Flipper*. Nós o chamávamos, e ele vinha de verdade, abanando o rabo. O nome do imaginário só meu amigo sabia.

Os exércitos envolvidos na guerra continuam em estado de alerta, diferente da soltura presente no amigo imaginário. A guerra e seus desdobramentos seguem sem solução para os homens grandes.

Mas o cachorro, atado a uma corda imaginária, salvou a criança pequena que o meu amigo era na guerra, embora adulto. Ele passa bem, está de volta à vida e pode continuar sendo meu amigo real e imaginário. Até tornou-se pai de uma criança com amigo imaginário.

Do cachorro não se teve mais notícia, mas seguimos pensando nele num misto de espanto e gratidão. Flipper morreu, mas de certa forma sobrevive. É o que sentimos quando temos a grata oportunidade de encontrar amigos reais e imaginários.

# 15

## POESIA E CORPO: MATÉRIAS-PRIMAS DA SUBJETIVIDADE*

> O escritor é alguém que brinca com o corpo da mãe.
> (Barthes, 2010)

O tema deste capítulo é o cruzamento do corpo e da subjetividade neste momento histórico de pane dos dois, especialmente no movimento do primeiro para a segunda. A poesia faz a ponte. A poesia faz falta. A poesia preenche.

Exageramos com o corpo, carecemos da subjetividade. Exagerar aqui significa utilizá-lo muito com pouco afeto, mais afeito a cabeça como D.H. Lawrence (2008) descreveu em sua prosa com poesia: "Quando nos penetramos, fazemos nascer uma chama. Até as flores são criadas pela cópula do sol com a terra".

Ora, a saúde mental também é a possibilidade de construir sentidos, fomentar mentalização, trocas interpessoais; enfim, encontro. Crescer é fazer laços, vínculos (Mazet).** E acrescentamos: laços e vínculos são subjetivos.

Vivemos tempos narcisistas, autocentrados, virtuais, adjetivados como esta descrição. Fechados e pouco substantivos. Solitários. Resultado:

---

* Reescrito a partir de um trabalho original, apresentado no Congresso da Fepal, São Paulo, 2012.
** Comunicação oral não publicada.

muito corpo refeito, sarado, suado, tatuado, musculoso, recauchutado. Pouca subjetividade e, portanto, afeto, onde ela nasce.

O vazio de tanta patologia do vazio, mais que as sexuais ou as histerias, pode vir desta luta contra o tempo; é preciso tempo para que a subjetividade encontre o seu espaço. A poesia faz a ponte. A poesia faz falta. A poesia preenche. Adentremos a *Arte de amar*, do poeta Manuel Bandeira (1983, p. 195):

Se queres sentir a felicidade de amar, esquece a tua alma.
A alma é que estraga o amor.
Só em Deus ela pode encontrar satisfação.
Não noutra alma.
Só em Deus – ou fora do mundo.
As almas são incomunicáveis.
Deixa o teu corpo entender-se com outro corpo.
Porque os corpos se entendem, mas as almas não.

O poeta não está sozinho na dissociação. Acompanham-no o filósofo Descartes, vinte e um séculos de civilização judaico-cristã, e outro poeta, o Heine (2011):

Quero-te em carne e osso;
Da alma não necessito,
Podem jogar no fosso,
Pois não me falta espírito.[*]

Sim, é preciso que os corpos do bebê e da mãe se entendam para que venha o amor (a subjetividade da alma). Pode estar ali o maior entrave de uma época de muito corpo conversando consigo mesmo e depressão (pós-parto, idem) como problema de saúde pública. Sem tempo para olhar o outro – e mesmo o corpo do outro onde transcende – nos olhos, nos gestos, nos toques, na empatia, na boa perda de tempo.

Mas por que os corpos são necessários?

Como de hábito, outro poeta respondeu melhor que os filósofos e psicanalistas. Os corpos se entendem, mas as almas não. Ou: "[...] a nós

---

[*] Traduções de André Vallias.

gente só foi dada, maldita capacidade, transformar amor em nada [...]",
como cantou o seu colega de lide poética (Leminski, 1989).

No começo da vida, as almas são esboços. Em nenhum outro momento
– a não ser no sexo, a não ser no amor –, aparecem tão intrincadas com
o corpo. E são o que éramos antes de, como ocidentais industriais,
tornarmo-nos cartesianos, separando corpo e alma para sermos inferiores
a outros povos que julgamos inferiores e primitivos como os índios, para
quem corpo é alma e vice-versa. A este propósito, eles têm muito a nos
ensinar, eles são nossos caciques.

Os estudiosos do mundo interpessoal dos bebês – Stern, Cramer,
Golse, Lebovici, Missionnier, Victor Guerra, entre outros – são como os
índios. Por isso talvez assustem quem teme ver crianças no aqui e agora
ou prefere estudá-las no adulto recomposto para ganhar distância e, sobretudo, tempo. Compreende-se: subjetividade arde. Protocolos asso-
pram. Remédios e tempo, também.

No começo da vida, os corpos são veículo.

O corpo é alma.

Alimenta-se da prosódia, da música, do afeto.

O ego é corporal para Freud e Anzieu (ego pele).

A capacidade de fazer metáforas e criar – saúde mental – parece vir,
essencialmente, da empatia que começa no corpo (Lebovici, 1993).

A capacidade de contar – saúde mental no diferencial humano – parece
vir das interações precoces (Golse, 1999). Elas são essencialmente corporais.

Não é difícil teorizar o corpo, muitos já o fizeram; todos, de certa forma.
É olhar a psicanálise, a teoria do apego, a psicologia do desenvolvimento.

É pegar aonde todas elas se cruzam hoje: o corpo segue sendo protagonista, cruzamento, ponte. Mas para ser ponte precisa poesia. A poesia
faz falta. A poesia preenche.

Teorizar agora seria trair o tema. Nem a poesia de Bandeira a Leminski
seria capaz de nos salvar. Nem a de Drummond de Andrade (1984), que
escreveu um livro sobre o corpo, com subjetividade e erotismo:

> Coxas bundas coxas
> bundas coxas bundas
> lábios línguas unhas
> cheiros vulvas céus
>   terrestres
>   infernais

no espaço ardente de uma hora
intervalada em muitos meses
de abstinência e depressão.

O poeta deixou claro que o momento de encontro dos corpos é o descanso da depressão. Trata-se da hora triste e alegre em que retomamos a verdade primeira, erótica, olhada, desejada, acompanhada, enfim. Para Drummond e todos nós. Mas para falar do corpo sem mentir, é preciso acionar a poesia dele próprio. É preciso falar através dele.

Por isto aciono duas lembranças de quando trabalhei com o corpo. Nas duas ocasiões, ele salvou a pane de subjetividade na coconstrução (Lebovici, 2004) de um tratamento analítico.

Na primeira, estava com Maria, menina de nove anos, com uma história de adoção depois de uma semana de vida. A anamnese sugeria que os entraves para o seu desenvolvimento contavam com nove meses de uma gestação e uma semana de privação, de que sabíamos um pouco melhor. O resto, ou seja, a vida com o pai e a mãe adotivos parecia razoável.

Maria desafiava o *setting*. Estragou uma impressora, duas cortinas, o tapete. Percebi que o ambiente não era adequado para ela, mas não que a minha relação com o corpo também não fosse. Ela estava aprisionada pelo que teoricamente eu chamava de enquadre ou barreira terapêutica. Era o conjunto de regras que tornavam meu corpo inviolável e que outras crianças conseguiam tolerar. Não, Maria. Ela queria utilizar o meu corpo; ele não era limite para ela, mas teatro vital. Já não adiantavam cortinas ou impressora, era preciso estar de corpo presente.

Estávamos neste impasse quando me dei conta de que ela buscava essencialmente as orelhas. E, nelas, as extremidades.

Foram meses de embate, ela pedindo para tocar na ponta das minhas orelhas, eu pedindo para ela respeitar o *setting* sem meu corpo.

Um dia, corpo cansado, avaliando que orelha não é olho ou pescoço, eu deixei. Não sei dizer de onde veio a intuição, mas senti que da alma do corpo.

Ela teve um prazer enorme, expressado por um corpo que se sacodia, triste, feliz, expressivo. Em seguida, vieram as palavras, que costumam chegar depois de bons momentos com os corpos. Transcrevo-as:

– Espremi tuas orelhas e saiu leite.

Com o leite, encheu a mamadeira e alimentou um filhote de leão. Com o leão amamentado, brincou de verdade.

A vivência destrancou o tratamento de Maria. Poucas sessões depois, ela organizou um jogo repleto de palavras e significados, sem meu corpo à vista. Talvez já estivesse dentro da alma dela. A pequena leoa estava sofrendo, pois passara o dia sem que ninguém a tocasse. Ou a olhasse. Ou lhe desse leite. Depois, pediu para eu interpretar a leoa. Eu o fiz novamente com o corpo, incorporando um bicho desesperado, porque não era alimentado nem de olhar nem de leite. Ela vibrou com aquela compreensão.

Maria já tinha palavras e, com as minhas, estou convencido de que se não fosse o meu corpo (transferencial, fragmentado, arcaico), mais precisamente as orelhas, aquela subjetividade não se criaria. Eu conseguira ouvir o primeiro chamado. Ele vinha do corpo.

Agora a outra lembrança. Eu estava realizando uma pesquisa clínica junto a abrigos franceses. Tínhamos montado uma pequena equipe que oferecia terapia em grupo, de orientação analítica, para crianças separadas de seus pais. O mediador era o conto. A hipótese principal sugeria que encontros, em torno de narrativas, permitiriam que as crianças se lançassem à subjetividade de suas próprias histórias, trancada pelo trauma dos maus-tratos.

Trabalhávamos, dentro da instituição, com um *setting* mais flexível em termos de espaço e de corpos. Antes das histórias, as crianças buscavam o olhar e o toque. Avançávamos convencidos de que o caminho era do corpo à palavra, do olhar à história, do caos ao sentido. Como em qualquer análise.

Foi quando o François, de seis anos, veio por trás de mim e me deu um chupão no pescoço; um chupão erótico, de amante, que me deixou incomodado a ponto de querer retirar François do grupo, conforme era a combinação em casos como este.

Felizmente, não o fiz; a alma do meu corpo, lá naquela hora, levou--me a recordar de algumas brigas de quando eu era menino, em especial uma em que fui imobilizado por um menino maior. Então senti que poderia ser isto: o ato de François era um teatro presente, propondo um cruzamento de passados (intersubjetividade): o dia em que fui paralisado por um menino maior, mas não o suficiente para, no presente, imobilizar o meu corpo, que agora solto, compreendia o teatro de François, um menino imobilizado pelo abuso sexual e para quem chupões no pescoço não faziam o menor sentido.

Havia uma ansiedade homossexual naquele cruzamento de material e tempos?

Talvez.

Com certeza havia perguntas, destino almejado de corpos que interagem afetivamente.

A partir da compreensão com meu corpo ("o abuso para com ele"), as sensações faziam sentido. Ajudei-o, pensando e sentindo. Função alfa e *rêverie*, de Bion?

Talvez. Feita com o corpo, certamente.

O episódio mudou a relação com François e as demais crianças. Passado o desejo de abandonar o trabalho, pleno de uma contratransferência quase insuportável, veio do corpo a ideia de que passado e presente não são o mesmo lugar; é possível historiar-se, destruir a fatalidade dos destinos, construir novas histórias, erigir subjetividades e laços que dão gosto à aventura humana. E, então sim, suportar. A história, subjetiva, escreve-se a partir do corpo para depois poder ser contada de forma inédita, banida a repetição mortífera. Objetivos, enfim, da psicanálise.

São duas pequenas lembranças, talvez encobridoras. Porque parecem situações-limites de corpos trabalhando para o surgimento da subjetividade na transferência. Não acho que os outros embates cotidianos de um analista sejam tão diferentes. Podem ser mais sutis, disfarçados, metaforizados. Mas é oferecer um descanso para a palavra e perceber, por detrás dela, um olhar, um gesto, um corpo. Deles nascemos para o mergulho no mundo subjetivo, que vale a pena e mais conta.

Se começamos com poesia, concluímos com ela; desculpa-me, Bandeira, por mexer em teu poema, mas, quando os corpos se entendem, a subjetividade nasce, e as almas se entendem também. Pode não ser completamente, mas se entendem. Desculpa-me, Leminski, transformei corpo em alma, algo em amor. Perdão, Drummond, mas quando os corpos se entendem, não há abstinência ou depressão depois do sexo: há tristeza, alegria e desejo de mais subjetividade e mais tristeza, alegria, sexo. Há corpo e alma juntos, como contou Heine (2011) com muito ritmo:

Corto minh'alma ao meio:
Assopro-te a metade,
Te abraço, então, seremos
Corpo e alma de verdade.

# 16

## O BRINCAR E A SUBJETIVIDADE: OU ISTO OU AQUILO*

> É uma grande pena que não se possa
> estar ao mesmo tempo nos dois lugares! (Meireles, 1977)

Dia desses, perguntaram-me qual a importância de brincar para a subjetividade. Eu respondi, perguntando:

– Está brincando?

Não estava, então eu disse a fim de mais brinquedo:

– Toda. Brincando, brincando, subjetiva-se.

Decidi ser mais drástico, menos lúdico:

– Não há outro modo de sobreviver. E viver mentalmente falando. A concretude mata, que o diga a psicossomática.

O interlocutor imaginário pensou que eu estava realmente brincando. E eu estava. Sempre que posso, vou à busca de mais brincadeira, mais

---

* Reescrito a partir de um artigo publicado originalmente na revista *Pátio Educação Infantil*.

subjetividade. Sou razoavelmente normal na luta contra a objetividade mortífera da falta de sentido na vida e na morte.

Brincar é sério, eu também disse. Mas ele não se contentou. A ronha aqueceu, transbordou, desentendemo-nos ferozmente. Mas não queríamos perder a amizade (real, imaginária), cenário de novas brincadeiras; portanto, falamos. Fôssemos crianças, brincávamos. A nossa fala era a brincadeira. Como quem canta. Como quem conta. Aí contei a história de uma vida qualquer. O outro ouviu como um ouvinte não qualquer, e recomeçamos a brincar. Para a subjetividade era questão de uma história, assim como a chegada das palavras é uma questão de corpos se olhando e se tocando com desejo.

A história que contei começa com o nascimento e a sua meia dúzia de necessidades: regular o organismo (homeostase) para a vida respiratória extrauterina; ser desejado, alimentado, aquecido, olhado, tocado. "Somos delicados demais para o nascimento [...]", escreveu Cristóvão Tezza (2007) a respeito de seu filho. Talvez estivesse se referindo à meia dúzia de necessidades, mas divisei uma sétima, perpassando todas as outras: construir um vínculo com o cuidador.

J. Bowlby (1951, 1978, 1990) desenvolveu uma teoria para isto, aproximando-nos dos demais primatas como portadores de um aparato destinado a se relacionar com mãe. E pai. O autor, no fundo, estava falando de amor, o desafio primeiro da vida com a peculiaridade de ser o último a sair, se é que sai, porque nos casos mais bem-sucedidos, nem a morte – objetividade extrema, como vimos, e último desafio, como veremos – o leva.

Agora já não basta ser aquecido ou alimentado. É preciso construir um apego seguro. Ou, em palavras menos técnicas, adquirir por dentro a segurança de um amor para encontrar outros, vida afora. A vida é uma história de amores enquanto ecos do primeiro, sempre dispostos a refazer a melodia.

Tecnicamente, os tijolos da construção são o modelo de apego dos próprios pais com os avós do bebê, assim como o desejo em relação ao filho. No entanto, a obra em si não é técnica. Ela é repleta de arte. E se faz brincando. E se modifica, brincando.

Daniel Stern (1997) brinca com a ideia e a nomeia de "estar com" ou harmonização afetiva. Traduzindo, trata-se da capacidade parental de perder tempo, entrar em sintonia (vocal, gestual), coreografar, ritmar, dançar. Brincar, enfim: "[...] é o tempo que perdeste com a rosa que faz a rosa tão importante [...]" (Saint-Exupéry, 1997, p. 74).

Com os bebês, idem. Do tempo perdido e brincado, resultam o sentimento de segurança de estar no mundo e a capacidade de vincular-se. Não há vida digna sem apego com os objetos (os outros), destino de toda pulsão, energia sexual (vital) ou libido. Houvesse resumos para o caminho, colocaríamos no mapa: primeiro, a pulsão; segundo, brincar; destino: o outro. Pulsão e apego não se excluem; pelo contrário: podem e devem brincar juntos.

O brinquedo constrói os objetos internos. Ele oferece uma dimensão interativa e, através do olhar, da voz e do toque, desenvolve a capacidade de subjetivar-se. De início, volta-se para si mesmo, autoerótico. Com o tempo, havendo bons encontros, adquire complexidade no reconhecimento do outro, na capacidade de subjetivar-se.

E, finalmente, reconhece que entre eu e o outro há uma singularidade. Ou duas. E quando duas singularidades – a intersubjetividade – se encontram, o erotismo atinge o seu mais alto patamar. Pronto: subjetivou-se. O resto é confusão, clareza, tempero, vida. A morte talvez retorne à objetividade do inanimado.

A subjetividade, no fundo, não é pacífica nem tranquila. Ela é subversiva. Por isso, há tanta resistência em relação ao brincar e tanta patrulha a favor da seriedade. Brincar engendra subjetividade. Revolução, autonomia, questionamento, liberdade, dor, tudo o que devem proporcionar os tratamentos, igualmente subversivos. Tudo o que deve proporcionar a boa leitura, análoga à brincadeira, igualmente subversiva.

Talvez tenhamos nos adiantado enquanto o nosso bebê acaba de vencer o primeiro desafio. Todavia, a pílula não está dourada ou a coruja nua. A vida não dá trégua para despir-se ou vestir-se. Uma vez amado e alicerçado internamente por objetos sólidos, construídos com desejo e brincadeira, é preciso separar-se. No pátio da saúde mental, tem a liberdade. Em seu horizonte, a autonomia. E como é que faz para separar-se?

Todos os mapas apontam para a mesma direção: brincar, outra vez. Não como fórmula, porque cada dupla, trio ou, mais tarde, grupo, o faz a seu modo, mas todo conjunto precisará construir um espaço de prazer (transicional, potencial) com investimento no objeto, permitindo que um seja um, e o outro, outro; é o novo, a cultura, o mediador coconstruído e utilizado para não chafurdar em amor sufocante de mãe, driblar a loucura e continuar na vida, amando mãe, pai e novos objetos (Winnicott, 1969b, 1975).

Eduardo Pavlovsky e Kesselman (2007) chamaram o espaço de lúdico, dentro da mesma ideia; é preciso brincar para separar-se da mãe, ser um e singular, subjetivar-se para perder as receitas. E criar. Dourada a pílula, pelada a coruja? Longe disso, só a morte doura e despe em definitivo. A criança deseja viver novas possibilidades. A vida cobra a sua pesada moeda (Quintana, 2005) e, para não chafurdar nos traumas de insuficiências sempre inevitáveis das relações afetivas, agora é preciso... brincar.

Freud viu primeiro. Em 1908, salientara as relações próximas entre a criação literária e o jogo. E o quanto já é poeta (subjetiva) uma criança que ainda brinca. Mas levará mais de dez anos para expressar melhor o quanto brincar é sério. Em *Além do princípio do prazer*, observando seu neto de 18 meses, deu-se conta de que a brincadeira do menino, com um carretel, expressava seu conflito de separação com a mãe.

O carretel ia e voltava como as mães e as ansiedades de ficar sozinho. O menino repetia as palavras "longe" e "perto" em sintonia com os movimentos em busca de representações para a ansiedade. Pudesse falar, falava. Não podendo, empreendeu a brincadeira, esta fala torta, disfarçada e, ao fim e ao cabo, a mais direita de todas.

Brincar: não haveria outra forma de salvaguardar e expandir a subjetividade. Subjetivar-se: não haveria outra forma de crescer e encontrar o outro, razão maior de uma vida pra valer.

O dia a dia da clínica infantil é repleto de carretéis.

No de João, moravam dois exércitos, um azul e o outro, cor-de-rosa. Eles se digladiavam num embate sangrento, especialmente para os mendigos e as crianças. João, que já não se sentia um mendigo do amor parental, resistiu ao divórcio violento de seus pais. Foi este o pátio principal de brincadeiras no seu tratamento sem receitas.

No carretel de Maria, havia um piloto incapaz de fazer o avião voar. E ela elaborou a dor diante do pai que, desvalorizado pelo próprio pai, sem carretel e doendo, desvalorizava a filha.

No de Ahmed, Morad e Fátima, havia três porquinhos que não queriam separar-se de sua mãe e construir novas casas. Desejavam ficar com ela e designaram Beatrice para fazer o papel na brincadeira de mãe presente. Todos estavam num abrigo para crianças separadas de seus pais. Brincando com as histórias, conseguiram manter viva a imagem da mãe ausente.

Eis a hora em que medicar não medica. Porque alivia por um lado, mas susta a possibilidade de que fantasias construam novos lados para suportar a realidade. A realidade não pode ser medicada. Ela é um polvo de muitos lados. Pode ser reconstruída, iludida, desiludida e mesmo recauchutada com a construção de uma nova história possível (Diatkine, 1994). A realidade pode ser enxertada, "protética", subjetivada. Puramente objetiva, realidade nenhuma é suportada sem colapso. A literatura sabe disso. A psicanálise, também.

Freud falou disso com o Pequeno Hans. Foi lúdico com ele e o pai, que o tratou. As interpretações e as teorias sexuais estavam rodeadas da prática de brincadeiras. Com o Pequeno Hans, sem ser direto, Freud deitou e rolou no carretel.

Melanie Klein também o fez. Pioneira da psicanálise infantil, ela mostrou como o jogo promove acesso ao inconsciente, assim como as associações livres (e lúdicas) do adulto. Os adultos falam como quem brinca. Como quem lê. E a retórica de Klein foi a parte menos brincalhona do seu carretel.

Depois de muito brincar para sobreviver, a criança cresceu; acedeu à bagunça da vida e está pronta para o que nunca está pronto, novos amores, trabalhos, aprendizagens, separações, reaprendizagens, reparações, reencontros. Subjetivada o suficiente, poderá se entregar não ao alívio, mas a si, ao outro e à realidade; poderá até travar com a felicidade, este estado de alma passageiro, ambivalente e também repleto de estados subjetivos.

A criança escapou ao desamor, à simbiose, às dores da insuficiência pessoal e alheia.

Agora já pode viver no presente e morrer no futuro, quando terminarem todas as brincadeiras que lhe cabem.

# 17

## NARRAR PARA SER MÃE E PAI*

Sua lavoura, o tempo. (Mann, 2011; sobre Goethe)

Toda criança tem uma pergunta fundamental: de onde eu vim?
 A psicanálise infantil nasceu dessa pergunta. O Pequeno Hans a fez para seus pais quando a irmã Hanna nasceu. Antes, ele já perguntava se a mãe tinha pinto, se a girafa tinha, se a locomotiva. Estava às voltas com as origens, mal disfarçando o desejo de saber a dele.
 Os pais passaram a bola para a cegonha, mal disfarçando a angústia de responder. Resultado: neurose infantil, que é evitar saber para não sofrer, destino final das questões adiadas. A neurose é uma sabedoria capenga, a verdade meio à mostra, meio oculta, achando que dói menos. Dói menos. Propõe um teatro menos expressivo, energia desperdiçada, mas figurando, em cena ainda. Tentando e pedindo socorro. Para proteger da dor inicial, engendra outras.
 Tratá-la é aceitar sentir mais dor por um tempo para ter uma verdade mais ampla, teatros mais expressivos. O alívio é viver com mais liberdade. Como uma janela, que permite olhar e sair. Vale à pena, diz quem olha e sai com afinco e liberdade. Com alegria, não sem dor. São poucos. A

---

* Reescrito a partir de uma palestra na Semana do Bebê, Canela, 2011.

maioria quer ser medicada e fechar a janela para que um alívio imediato entre logo.

O Pequeno Hans não pôde olhar. Resultado: psicanálise infantil, que nasceu da pergunta malograda sobre as origens (onde há sexo). E do desejo frustrado de respondê-la por vias mais retas. A neurose é uma via torta e menos livre. Tudo nasce da pergunta. A vida nasce. As respostas matam, porque se eu tenho certeza de onde eu vim, então não preciso mais ir. Saramago contou que aqui se mata psiquicamente uma criança nascida ali onde descobriu a curiosidade.

De onde eu vim? Esta é a pergunta de todas as horas, em especial das primeiras e decisivas: de onde nascem os bebês?

Ora, o amor não é biológico. Ele é feito do que não se toca nem se chama: afetos, fantasmas. Subjetivo, vem repleto de alma e perguntas. Quando era adolescente, eu tinha um amigo que tinha um avô que tinha um bar no Centro de Porto Alegre. Ele me contava que tinha uma história de amor com a avó do meu amigo, porque ele não revelava muitas coisas, e ela continuava perguntando. Se descobrir, o amor acaba – vaticinava.

A Xerazade das 1001 noites sobreviveu assim. Se o rei descornado soubesse o fim da história, ele a matava. Ela o deixou sem saber. Ganhou a vida por ele continuar perguntando. Bastou não parar de narrar. Em contrapartida, sem estarmos banhados de saber de onde viemos, como poderemos perguntar para onde vamos? Como poderemos narrar? Como poderemos viver?

Sem perguntar para onde vamos, não podemos ir. Precisamos ir perguntando, fabulando, imaginando, falando, ouvindo. Lendo. Tratando. Sendo humano, com subjetividade.

A vida também é a contemplação da vida e tem ação. Metalinguagem, com afeto de linguagem. Oliver Sacks[**] contou que o cérebro foi feito para funcionar. Ele nada mais deseja do que isto. É o que respondeu à escritora alemã, René Zucker[**], quando ela foi visitá-lo e o encontrou com muitas ideias e só uma xícara de cafezinho. Sacks não precisava do consumo. Ele podia contar.

---

[**] Comunicação oral não publicada.

Ação, movida por afetos. E linguagem. De onde viemos? A pergunta parece comum, mas a resposta, não. Porque existe e ameaça matar a curiosidade de todos nós e, junto com ela, nós todos.

Seja no mito da cegonha, na Viena do século XIX, seja em Porto Alegre do XXI, nós pensamos que sabemos de onde vêm os bebês. Pode parecer pretensioso, mas do ponto de vista psicológico, há uma história disfarçada de hipótese: os bebês vêm do narcisismo de seus pais. Freud desvendou mais esta. Foi em 1914, no artigo sobre o narcisismo, quando chamou os bebês de majestades e mostrou o quanto os pais transferem para os filhos o duro fardo de realizar o que não conseguiram. Às vezes, a educação e o tratamento não passam de amenizar este reinado como quem ajudasse a escrever a mensagem:

> – Senhores pais, sabemos que a morte vos apoquenta e desejam ser imortais, mas, por favor, pedimos encarecidamente que deixem seus filhos em paz. Eles precisam viver as suas próprias vidas, fascinantes e finitas como as vossas. Filho não é propriedade. A vida não é posse. Carece de deixar ser. (Freud, 2004)

Certa vez, vi uma menina correr de Capão da Canoa a Xangrilá, arriscando perder-se, afogar-se, cair nas mãos de um pedófilo. Ao ser interpelada, ainda ofegante, por um salva-vidas empático, respondeu: – Eu estava sufocada.

Não a deixavam dar braçadas na beirinha do mar. Ela não podia ser. Mas uma pergunta leva à outra, e uma nova indagação nos acomete agora... Não, não ficaríamos em paz, falando de pais e filhos. Ser mãe e pai é abdicar da paz. Ter certa propensão à loucura, à insanidade, à bagunça de um amor. À abdicação do narcisismo. À alteridade. Amar não tem descanso. Silenciosamente, ruidosamente, prepara a solidão, destino verdadeiro de um amor como projeto de autonomia, independência, liberdade.

Os amores são a grande bagunça. O protótipo maior, de pais e filhos, é mais bagunçado ainda. Mas vamos à nova pergunta: – Onde nascem os pais? Os filhos nasciam de seu narcisismo, da incompletude, da efemeridade. E os pais?

Há esboços de resposta. Para quem acredita em fantasmas, como Cramer e Palacio-Espaza (1993) e sua turma, nascem nas brincadeiras das crianças, ensaiando serem pais. Ou seja, também em seu próprio narcisismo. Majestades tardias, eles começam quando, já tendo desistido de seus ideais de perfeição, recebem, através de um filho, a nova oportunidade de atender a ideais inalcançáveis, atribuídos por seus próprios pais. Eterno retorno, o velho e o novo.

Mãe e pai reencontram, no filho, seus ideais abandonados: ainda não é amor. Vislumbram o jogador de futebol que vai tirar o pai da forca: ainda não é amor. O pai se sentia uma pereba. Chegou a modelo que vai desfilar, captando todos os olhares (o materno, sobretudo), a mãe não o fez, ela se sentia tão feia; tampouco já é amor. Chegou o cantor que cantará o que o casal desafinado, premido pelo silêncio de avós tão exigentes, jamais cantou: ainda não é amor. O mártir, que vingará a pancada do tio, da irmã, do sobrinho, bordoadas que nunca foram retribuídas na hora e no lugar certo. E se tornaram segredos, não ditos. Será que ser mãe e pai é dizer? Que tratar é para isto?

Contar?

Narrar?

A clínica tem nos contado que a ciência não parece estar errada neste quesito, embora mães e pais, a rigor, nunca acertem (Ben Soussan, 2004). Seria exigir demais. Ser mãe e pai é aceitar o possível. O limite da prática, sem utopia. Talvez a derradeira chance de topar a realidade. Acertamos, no encontro com pais, quando agimos sem rigor. Sem patrulha ou exigências atrozes que também funcionam como hormônios para produzir depressão pós-parto em mãe. E pai.

Mães e pais nascem de desejos egoístas de viver por procuração o que não foi possível no próprio corpo e na alma. Na harmonia jamais encontrada entre os dois. Filho é para tentar juntar?

Possivelmente, no começo. O nascimento se completa quando, depois de terem contado o suficiente de suas vitórias e derrotas, os pais conseguem deixar os filhos viverem as suas próprias. Agora sim é amor, estar junto para deixar ser separado. A parentalidade é um caminho do egoísmo ao altruísmo. Por isso, é tão difícil. Ou impossível (Ben Soussan, 2004).

Mãe e pai nascem do desejo de imortalidade. Existes, meu filho, para que eu continue através de ti. Surgiste para evitar a minha morte. Menos complicado do que fazer um livro, em tempos de pouca leitura. Ou plantar uma árvore, em tempos de intempérie de clima e aquecimento global. Mas as perguntas são que nem as respostas e costumam dar de cara com o vazio. Preenche poder buscá-las. Ler, analisar-se.

Porque ninguém conseguiu explicar como é que um desejo egoísta consegue tornar-se altruísta e abrir-se como um leque para o outro. Sabendo ou não, eis talvez o desafio maior da vida de pais e filhos. A esta altura, uma resposta definitiva seria falsa. Porém, observando pais e mães... Bem, observar é falso, coisa de quem explica, e não podemos explicar. Podemos tão somente nos implicar, como sugeria Ciccone (2007); corrigindo, implicando-me com mães e pais, testemunhei nascimentos de amor maior como algo que se repetia em quem não se mixava para o desafio impossível. Eles eram capazes de ser empáticos, de cuidar, manipular – com as mãos, depois com os olhos –, cantar. E, sobretudo, contar. Nisto me apeguei para escrever este capítulo de um profissional e pai em formação. Porque nunca vi mãe ou pai que não tivessem contado a sua própria história. Que não tivessem, intuitiva ou analiticamente, encontrado ouvidos atentos para escutar as suas intrigas, personagens, fantasmas e não tenham dado algum nome e ritmo para eles.

E, como quem não quer nada (mas contando), eles foram deixando livre o caminho dos filhos que agora sim já não precisavam ser bacharéis ou almocreves, atávicos ou quixotescos. Podiam ser quem eram.

– Quero ser zelador em Vitória da Conquista, dizia-me um filho na presença de pais mais ambiciosos. Ele pedia, metaforicamente, liberdade. A liberdade era a sua ambição. Tinha ouvido falar em Vitória da Conquista na tevê. Não há bizarrice na liberdade de conquistar ser o que se é. Não há filiação sem liberdade.

Ela é também narrativa, solta para viver (escrever) a própria história, que um dia foi influenciada pela alheia; no entanto, depois de muito trabalho (narrativo), tornou-se livre para contar as próprias peripécias. Como a literatura. E a psicanálise.

Pais, portanto, nascem na oportunidade de libertar-se de seus fantasmas, contando livremente para alguém comprometido (implicado). Pode ser uma enfermeira, lá do começo, uma professora do meio, uma madrinha da continuação, um vizinho de qualquer momento. Pode ser nós, cuidadores, autores, analistas, professores, acompanhantes, amantes, escritores.

Há, no meio do caos, um *GPS* apontado para a ideia de que podemos ouvir melhor a própria história e não aprisionar os bebês em nosso passado. A partir dos relatos, primeiro com o corpo, depois com as palavras, os pais podem continuar contando em livros ou filmes outras artes e outras vidas. Porque pais são mesmo eternos, como cantava Drummond. Nem a morte os mata.

*Era uma vez* é uma expressão fundamental. Quem a contou pode não saber ainda como ser pai ou mãe, tarefa impossível para Freud e todos nós. Mas quem contou já sabe que será mãe e pai para sempre. Driblará o improvável. Enganará como Xerazade para o bem de continuar vivendo depois do começo. Porque teve pais capazes de amar e despedir-se até se afastarem dos fantasmas do berço e se tornarem um fio luminoso da mais pura memória e sentimento. De um amor.

Porque esta história, como todas as outras, é de amor.

# 18
## REVENDO A ETERNIDADE EM PÁGINA E MEIA

Ao se transportar aos limites do dizer, numa *mathesis* da linguagem que não quer ser confundida com a ciência, o texto desfaz a nomeação e é essa defecção que o aproxima da fruição. (Barthes, 2010)

Paulo é um enigma como todos nós, mas nele o mistério está maior. Tem 45 anos, veste-se bem, asseado, queixa-se de não ter um relacionamento mais sólido. Entedia-se facilmente das mulheres; as paixões são descritas como um rompante que logo dão lugar ao desejo de que a amante desapareça. Fogo de palha. Desaparecem.

A mãe de Paulo, falecida há cinco anos, tinha o diagnóstico de esquizofrenia paranoide. Vários surtos marcaram a sua vida. No primeiro, abandonou a família, deixando Paulo com a irmã mais velha e o pai. Fugiu com um "artesão maconheiro", quinze anos mais jovem. Voltou, meses depois, para uma primeira internação.

Para Paulo, a mãe esquizofrênica sempre significou casa suja. E filhos sujos. Recorda com tristeza o uniforme escolar amarfanhado, a boca cheia de cáries, a presença sem presentes nas festas dos colegas.

Mas hoje Paulo veste-se bem, tem os dentes bonitos, saudáveis e costuma presentear seus amigos. Que são muitos. "Falta a mulher que fique", queixa-se. "Mas é eu que mando embora", acrescenta. Por isso, vem tratar-se.

O enigma de Paulo não está no que lhe falta, mas no que possui. Ele diz que aprendeu com a vida e, vasculhando a vida que o teria ensinado, encontramos personagens, como sempre. Não é o pai. Este foi mais ausente que presente e logo se deprimiu com a mulher. Ao aprofundarmos a história, o que vemos é uma tia que foi mãe para a irmã mais velha. E a irmã mais velha, que foi mãe para Paulo. Avultam os banhos que esta lhe dava, antes de passar talco (usava-se talco). As idas ao dentista, as broncas pela não escovação (não havia flúor na água corrente). E, sobretudo, as histórias que ela contava, repassadas do que ouviu da tia. Eram contos de terror (a tia adorava Edgar Allan Poe). A tia também morreu cedo. A irmã, não. Vive ainda dentro e fora de Paulo.

Um sintoma oculta a verdade. A psicanálise, história coconstruída entre paciente e analista, vai contra a corrente. Ela já não esconde, ela ainda desvenda. Mas busca nas frestas reordenações de mãe e pai a partir do que foi prótese ou postiço, como no caso de Paulo. A mãe não sobreviveu à verdade de não ter sido mãe o suficiente. Mas Paulo sobreviveu a de não tê-la encontrado nela mesma e sim na irmã, que a pode ter encontrado num misto de momentos melhores da mãe e da tia.

Encontros são decisivos. Sagrados. Substituições são possíveis, a vida costuma estar apontada para a saúde e, ao contrário do que se pensa, não costuma desperdiçar oportunidades verdadeiras.

Um dia, eu disse a Paulo:

– Tiveste mãe na irmã.

Disse-o anos depois de não dizer, limitando-me a ser a tia e a irmã, na transferência (agora positiva), depois de suportar meses em que era a mãe pra lá de negativa.

Anos depois, ele concordou.

Outro dia, disse a Paulo:

– Tua irmã te leu histórias curtas. Foi o que ela pôde. Elas te permitem apaixonar-se. Dia desses, imaginei que ela pudesse te ler um romance. E, assim, tuas paixões poderiam se transformar em amor mais duradouro.

Meses depois, soube que ele passou a devorar romances. Vinha discutir comigo Flaubert, Tabuchi e *Os Maias*, do Eça de Queirós. Eu não tinha lido *Os Maias*. Eu dava alguma corda, mas não muita, porque não queria intelectualizar o encontro. Sempre tive a esperança de me associar ainda mais à tia e à irmã, na prótese materna. Fui ler *Os Maias*, uma verdadeira história transgeracional de dor e incesto.

Hoje Paulo completou um ano e seis meses de relacionamento, um recorde, segundo ele. Diz também que, ontem ainda, por volta das dez da noite, queria ver o jogo na tevê e teve vontade de mandar a mulher embora. Mas ela preparou um sushi com vinho branco e o recuperou por algumas horas. Acordou apaixonado novamente e transou pela segunda vez, sentindo-se como o amante de Lady Chaterley, que já releu três vezes.

Não acredito em milagres. Vida é vida, romance é romance. Mas este um ano e meio deixou-me tão feliz que me encorajou a escrever uma página e meia.

Fazer psicanálise também é rever o tamanho da eternidade.

# 19
## O QUE O BEBÊ QUER DA LITERATURA?*

> É difícil, quase absurdo, dizer a aleijados emocionais que a autoexpressão é o que mais importa. Não o que é expressado, nem como, mas simplesmente o fato de se expressar.
> (Miller, 2007)

O que o bebê quer da literatura?
Nada.
Eu sabia desde que fui convidado para responder esta pergunta. Eu me fiz de sonso para escrever. Eu sabia desde que era bebê.
O bebê nada quer da literatura, mas eu aceitei falar disso. Eu queria estar aqui.
Eu queria estar aqui como um bebê quer encontrar.
Eu queria estar aqui como um bebê quer ser desejado.
O bebê quer ser olhado. Ser subjetivado. Tudo se passa entre os corpos a fim de transcendência.
O corpo do bebê quer uma alma. Ser alimentado, aquecido, limpo, deixar de ser um corpo tão somente.

---

* Reescrito a partir de uma Palestra proferida na Semana do Bebê, Canela, 2013.

Também deseja alguma liberdade progressivamente, mas isto é bem mais difícil de enxergar. Um corpo dependente de outro corpo prejudica a nitidez da cena.

A literatura não é capaz de oferecer isto ao bebê. A literatura é bem menos capaz do que as pessoas. O bebê não quer literatura. O bebê precisa ser feito, nascer subjetivo, nascer pela segunda e definitiva vez (Andrade, 2005). Precisa das pessoas. Mas é difícil. Para Freud, impossível. Mas tem gente que não se encolhe para o impossível.

Mães, por exemplo. Apesar de infinitas razões para odiar um bebê, elas o desejam. O amor se esboça e amores já amam ainda no esboço. Apesar de todo um mundo de imagens para olhar, elas o olham. Alimentam, aquecem, limpam. Subjetivam o bebê que transcende.

Elas dão o que quer o bebê. Não é literatura. Não é papel. É carne, osso, alma, vida.

Mas elas não podem fazer isto simplesmente. Elas sabem que é complicado. Que entre dois olhares, há asperezas. Há o que não pode ser visto. Entre dois desejos, há abismos. Abismos consomem, engolem. Entre duas subjetividades – ou uma (a dela) e nenhuma (a do bebê) –, há o horror. O horror mata. É complexo alimentar alguém. É difícil aquecer alguém. É incômodo limpar alguém. É impossível cuidar de alguém.

Por isso, aceitei escrever. Os bebês nada querem da literatura. Eles querem alguém. A literatura é ninguém para eles. Mas as mães são ninguém sem a literatura. Não existe mãe analfabeta. Toda mãe é letrada, mesmo analfabeta. Toda mãe é sábia. Leu o mundo no mundo do corpo. Não existe mãe não leitora.

Ser mãe é cuidar, ler, ler corpo, ler mundo, fazer do corpo o mundo, dispor de um vasto repertório (mais oral do que escrito, mas literário mesmo assim), a grande Biblioteca, maior que a nova da França, que a de Babel. Não é de papel, não é virtual, é real. A mãe escolhe um livro imaginário e o folheia realmente por dentro, oferecendo ao bebê o leite mais raro e necessário. O livro foi oferecido por alguém (a própria mãe, talvez); ela já não está sozinha, agora pode cuidar.

Trata-se de um livro estranho. Conta histórias maravilhosas, mesmo quando são banais. Pode ser um murmúrio, um balbucio, uma descrição de um gesto realizado ou não. As histórias de uma mãe nunca são banais. Pode ser uma receita denotativa. Na boca da mãe, torna-se conotativa. O fato de contá-la para o seu bebê a faz sagrada como o primeiro leite da manhã. As mães contam de manhã, mesmo sendo de noite.

O leite da palavra, o leite da prosódia, o leite do ritmo, que não pode ser ordenhado sem olhar, sem gesto, sem toque. A mãe ordenha olhando, tocando, fazendo o seu bebê.

Sem essa literatura, ela nada faria. Seria ninguém. E o bebê quer alguém. Alguém para ser olhado, tocado, cantado, contado. Até continuar. Até ser alguém. Agora que já é, ainda é bebê. Agora sim quer literatura. Marie Bonnafé (1993) fez um livro sobre isso. Chama-se *Os livros são bons para os bebês*. Não está traduzido para o português, mas deveria. Tentei falar com Bonnafé, mas ela estava de mau humor aquele dia. Os livros são bons para os bebês. Desde que eles possam tocá-los, cheirá-los, babá-los, confundi-los com um pano amarfanhado. Rasgá-los também. Só o que é sagrado se deixa atacar.

Bonnafé interessou-se pelo conteúdo desses livros. Elencou autores, em especial aqueles que na forma conseguiam reproduzir o que a literatura materna fazia naturalmente no conteúdo: reunir os melhores sons, fazer a antologia dos ritmos, separar as imagens mais nítidas. Aproximar-se no papel do que as mães fazem na vida.

Bonnafé leu Winnicott e muito bem. A ideia do pano amarfanhado é dele. O livro *O brincar e a realidade* foi a literatura de Bonnafé. Os livros como pano são a literatura dela. Ela é a minha literatura, como Winnicott. A mãe é literatura para o bebê.

Ao ler, os bebês, estes grandes leitores, dão-se conta de que a nudez do horror foi vestida.

Agora, com a literatura, o não sei o que que não passava nem com leite e a coisa sem nome que espetava no calor da hora começam a passar. Não espetam mais. Tornaram-se suaves como voz e mão de mãe. Estão vestidas, envelopadas. Representadas. O bebê sente um prazer superior. Subjetivo. Transcendente.

Justo agora começa a deixar de ser bebê. Já é alguém como a mãe e não tem a perenidade da literatura que levará consigo enquanto viver e passará adiante ao seu bebê, antes de morrer. Está em movimento, precisa viver.

O bebê quer. A mãe, não.

O bebê quer autonomia. A mãe, não muito.

O bebê quer liberdade. A mãe, não muito.

Ele quer deixar de ser bebê. Tornar-se criança, adulto, cuidar de um bebê como ele foi um dia.

Ela é mãe e quer seu bebê para sempre.

Há um imbróglio. Desafio impossível como era desde o começo quando a mãe trouxe a oralidade de sua literatura antes dos livros.

Agora sim o bebê quer literatura, este invólucro de mãe. E a mãe sabe que volta a precisar desesperadamente desta literatura. É a hora do desapego, da separação. A literatura volta a ser tão necessária quanto foi no apego e no encontro. Ela vai salvá-los, porque, assim como os juntou, vai separá-los.

O bebê quer, a mãe ouve. A duras penas, ouve. Tem a humildade de abrir mão do seu desejo, pelo menos parte dele. E conta.

Ela conta histórias para o seu bebê. Banhado por elas, ele parte com elas. Com a mãe dentro delas. Ela deixa partir; afinal, ela também está com o bebê dentro dela. Perrault, Grimm, Andersen, os modernos, um bando a ajuda no milagre de uma separação.

É preciso separar-se. Ninguém o faz sem literatura.

Televisão não separa. Computador, tampouco. Drogas, menos ainda. Todos tentam, têm boas intenções separatistas. Mas só a literatura consegue. Talvez a música da literatura. O ritual da literatura. Mas a literatura.

A mãe sabe disso. O bebê quer isso. E recebe. E parte. Primeiro para o sono da noite, mas a vida não tem a lentidão da literatura; em seguida, vai à solidão do dia.

O bebê, que já não é bebê, conhece a força de uma repetição e de um começo. Para seguir em frente, tornou-se um leitor. Mas tudo puxa para trás. Os vilões estão fora das histórias.

Crescer é o maior dos heroísmos, que o diga Peter Pan. Sem Barrie, Tolstoi ou Dostoievski, ele voltaria a ser completamente bebê. Pessoa e Quintana continuarão cuidando disso no lugar da mãe. No fundo, são mães disfarçadas.

O bebê seguirá lendo vida afora para acalmar o seu bebê.

Enquanto isso, entre longe dali e ali dentro, a mãe sente um orgulho enorme da tristeza de ter amado um bebê que partiu. E que já não é ela, não é bebê, é.

A mãe fez o ser e deixou ser. Com o pai, a comunidade, o mistério. Com a literatura oral; às vezes, escrita.

Talvez consolem a mãe um homem, um trabalho, uma amiga, um analista. E muita, muita literatura.

# PARTE III

# LITERATURA E PSICANÁLISE: ENFIM JUNTAS

# 20
## POESIA E PSICANÁLISE EM TRÊS ATOS*

> Ele busca sair do mundo de sua cabeça e tocar o mundo que ele sabe que seu corpo habita, tendo a linguagem, como ele percebe, como seu único meio de organizar a experiência. (Auster, 2013)

### ATO 1

Não me lembro de ter atendido alguém sem que o encontro tenha sido precedido pela sensação de uma angústia abalada da pergunta:

– Serei capaz de atendê-lo?

Analista e paciente estão em relação de certa forma simétrica. O paciente tem medo de ter uma doença grave e não ser compreendido. O analista, de não compreender o paciente que tem uma doença grave.

---

* Reescrito a partir de uma palestra na Sociedade Brasileira de Psicanálise de Porto Alegre, publicada originalmente em sua revista.

Não me lembro de ter iniciado um poema sem que o encontro com a poesia tenha sido precedido pela sensação de uma angústia abalada da pergunta:

– Serei capaz de expressá-lo?

Para Ezra Pound (2006), o poema ruim consiste em crime estético e é violento como qualquer outro delito. Difícil expressar direito.

Não me lembro de ter podido tratar alguém se entre nós não ocorreu um acordo afetivo, um "estar com" em sintonia que Daniel Stern descreveu, no desenvolvimento do bebê, desde a coisa sem nome até o eu narrativo e poético.

Não me lembro de ter gostado de algum poema em que a sintonia afetiva texto-autor não estivesse presente em algum verso.

A poesia se consagra na palavra, mas a sua essência é próxima do olhar, do toque, do gesto, é pré-verbal. Ela é ritmo e música.

A psicanálise aparece no discurso manifesto, mas a sua essência é próxima do olhar, do toque, do gesto, do envelope pré-narrativo. A sua matéria-prima, entre dois aparelhos psíquicos, é fruto do ritmo. Ela também é música.

Para tratar do outro, volto no tempo e conservo a coragem de agarrar o barro mais arcaico deste outro em mim mesmo. Antes do símbolo, tudo parece sujo, inocente, violento. Entre as verdades possíveis, esta é a que mais importa. Psicanálise ouve, conta, envelopa. E, às vezes, liberta.

Para fazer poesia, volto no tempo e conservo a coragem de agarrar o barro mais arcaico do outro em mim mesmo. Antes do símbolo, tudo parece sujo, inocente, violento. Entre as verdades possíveis, esta é a que mais importa. Poesia envelopa e, quase sempre, liberta.

Embora pareça priorizar conteúdos, não se faz psicanálise sem ênfase no ritmo. Um dia, a melhora vem do que se desenha na sucessão de sessões e a duração reparadora. Conta com a continuidade da transferência e a esperança, embora a mencione pouco. São espaços criativos em expansão. Estrutura narrativa com afeto. Tempo com alguma possibilidade de ordenação nos lugares. Sentidos novos. Vínculo antigo, renovado com outra força.

Não há poema sem ritmo. O ritmo define o poema. O poético vem do tempo na repetição de algum alento. Espaços criativos em expansão. Sentidos novos. Vínculo antigo renovado com outra força.

A poesia é o brinquedo que não quero deixar, pois me leva adiante até suportar a hora séria e finita que não me deixa ir adiante. Ela possibilita dizer-me, historiar-me. Se não digo, não me edifico. Se não me historio, me desfaço.

A psicanálise sem brinquedo me deixa já no primeiro encontro. Brincando, leva-me adiante até suportar a hora séria e finita que não me deixa ir adiante. Ajuda a dizer-me, historiar-me. Se não digo, não me edifico. Se não me historio, me desfaço.

Espaço único e lúdico de psicanálise e poesia, evoé Winnicott, com "[...] aquela paixão brincalhona que é o segredo orgânico de toda arte [...]" (Mann, 2011).

Toda vez, em psicanálise, que tentei atropelar o encontro com teorias e precipitar nomes para o que ainda não tinha, nada houve de verdade.

Toda vez, em poesia, que os nomes fecharam precocemente a emoção, não houve desenvolvimento do que ainda não era poema. Quando ele veio, não tinha prazer ou fruição (Barthes, 2010).

Ora, direis, a poesia não é feita para aliviar. Caso contrário, não seria poética. Mas a psicanálise, ao trazer a cura como baluarte, acima do desejo não utilitário de conhecer, não é verdadeira nem poética.

A psicanálise vive da paciência. Boicotam-na a angústia que fala antes do encontro, a procura que se vende por um alívio imediato, o fechamento antes da cena. Psicanálise, hoje, é poder abrir campo (Baranger; Baranger, 1969), não saturar (Bion, 2006) e circular com liberdade por todas as peças da casa (Bollas, 2000). Em sintonia, os poemas nada dizem se tentam dizer tudo (Quintana, 2005).

A poesia vive da paciência. Boicotam-na a palavra que disse antes do afeto, a procura que pensa ter encontrado; o fechamento antes da cena vira prosa vazia. Yalom (1996), não dos *best-sellers* de hoje, mas das terapias de outrora, feitas com verdade como contos e poemas; evoé, Antonino Ferro, sugando a abertura do poeta Keats e do analista Bion.

Um dia, decidi fazer teoria em meu trabalho analítico. O sujeito tinha o diagnóstico X. Muitas páginas explicavam o sujeito Y. A teoria A discordava da B, mas eu levava fé científica na C, mais atual e devidamente indexada. Um questionário tinha o aval da estatística e leis inexoráveis baseadas em evidências que traziam a paz. Tornei-me validado, sem vícios. O sociólogo Michel Maffesoli** disse que eu não valia mais a pena encon-

---

** Comunicação oral não publicada.

trar. Mas eu não queria encontrar, eu queria estar certo e sem pendências. Eu queria dispensar. E me livrei logo do paciente. O analista era escorreito, só não era eu. O sujeito me olhou e não me viu, estávamos longe um do outro, perdendo a única chance que a vida nos oferece: o encontro. O silêncio morreu na fonte. Drummond me disse: vai ser autêntico na vida. Psicanálise promove encontro. Poesia, também. Ambas fomentam a continuação da vida, o recomeço depois das falhas. Houvesse perfeição, não haveria poesia. E nem psicanálise.

Um dia, na poesia, decidi ser erudito. Eu fazia alusões bíblicas, pós-modernas e ganhei um prêmio importante. A academia massageou minha coxa direita e os sovacos lavados. Eu suspirava formas fixas, memorizei artes poéticas, em especial os ditirambos com direito a proêmio na introdução. O poeta era escorreito, só não era eu. O poema olhou e não me viu. Era em poesia um artifício. Era em psicanálise um falso *self*. Não houve encontro, nada houve. O silêncio morreu na fonte. Zorba, o grego, me disse: vai, poeta brasileiro, ser autêntico na vida.

Um dia, na psicanálise, não criei. Não houve dia seguinte, eco, poesia. Um dia, na poesia, não criei. Não houve minuto seguinte, eco, psicanálise.

Outro dia, a psicanálise perdeu as referências. Mas conclamou: não há remédio sem narração.

Dia seguinte, a poesia perdeu o lema. No entanto, afirmou: não há vida sem ritmo. Sem contar, poesia e psicanálise não viviam.

Então, passei a ouvir.

A psicanálise não vivia sem ouvidos. Nem sem olhar. Era feita de um jogo de tigres, espelhos e função reflexiva. Era feita da subjetividade de um encontro entre uma pessoa e outra.

A poesia não vivia sem ouvidos. Nem sem olhar. Era feita de um jogo de tigres, espelhos e função reflexiva. Era feita da subjetividade de um encontro entre uma pessoa e um texto.

Tive mil e dois erros em psicanálise. Por enquanto. Ela me ilude e promete *a posteriores*.

Tive até hoje mil e dois erros na poesia. Ela ilude e promete a obra-prima.

Ambas me permitem pensar, errar, tentar, sentir, juntar, ou seja, tratar-me.

Ambas começam acreditando na possibilidade da reconstrução, mas acontecem na hora do descuido, do acidente, na possibilidade de leveza. São flutuantes, espontâneas e elaboradas.

São senhoras exigentes, buliçosas e não recatadas. São eróticas e alimentam-se da morte, amor no limite. Seguido, a análise é engolida pela reação terapêutica negativa. Seguido, a poesia é engolida pela página em branco. Mas são expressivas com seus envelopes elegantes e ofegantes, repletos de pulsos vitais.

Em meus acertos, em psicanálise, chegávamos à metáfora. O ácido do real finalmente encontrava o colo da nuança, o leito da entrelinha, a possibilidade de perguntar e imaginar outra história. O outro lado do significado, ouro maior para o psicanalista René Diatkine.

Em meus acertos, em poesia, chegava à metáfora. O ácido do real finalmente encontrava o colo da nuança, o leito da entrelinha, a possibilidade de perguntar e imaginar outra história. O outro lado do possível, ouro maior para o poeta Manoel de Barros.

Chamo esta poesia de psicanálise.

Chamo essa psicanálise de poesia.

Hoje, poesia e psicanálise contradizem as previsões de que uma relação simbiótica enlouquece. Não é o caso, embora todo caso seja único, original. É o que pede a psicanálise. E a poesia. Uma já não vive sem a outra, repartem os ingredientes e lutam no mesmo cenário. Mãe e filho, filho e mãe na promessa de não separar. Passado o medo de incesto, são amantes que desejam estar juntas. Mas no fundo se separam. Para serem, não vendem a alma. Com unhas e dentes, mantêm-se acesas. E chegam juntos ao terceiro, com alguma lucidez e muita vida.

## ATO 2

Poesia se escreve. Freud escreveu textos cujo conteúdo se referia, direta ou indiretamente, à poesia. Podemos mencionar, entre outros, *Os sonhos no folclore* (1911), *Material dos contos nos sonhos* (1913), *Sobre a transitoriedade* (1915), *Além do princípio do prazer* (1920).

Em todos eles, a poesia emerge, ora com um passeio na companhia de um poeta, ora na comparação do brinquedo com a criação literária. Ou ainda na valorização da metáfora e do símbolo, essências da cura e do poema. Mas, além do princípio do conteúdo, é na forma que Freud mais se aproximou da criação poética. Se foi considerado um grande escritor, digno de um prêmio como o *Goethe*, isto decorreu da escrita densa e aberta durante um período histórico e estético já marcado pela valorização do poético na prosa ficcional ou ensaística.

Mas, além do princípio da forma, é na deflagração de encontros que reside a relação maior entre a poesia e a psicanálise. A obra de Freud tornou-se o berço de outras, na psicanálise e fora dela, marcadas pela criação e a recriação de sentidos. A poesia é aberta, lança a isca do símbolo em busca de algo novo, capaz de ampliar a visão de mundo. Também nisso ela e a psicanálise estão juntas. Muito se insistiu sobre a comparação de um leitor e um analisando, e a insistência faz sentido. Ambos utilizam o simbólico como mediador capaz de aguçar afetos, encontrar sensações e juntá-los em um ser humano mais integrado depois dessa experiência.

Mas, além do princípio da leitura e da análise, é no ritmo que mora a relação maior entre a psicanálise e a poesia. O desenvolvimento do ego dá-se de forma atrelada ao olhar e à prosódia dos cuidados parentais, sobretudo maternos. Poesia é representação. Aparelho mental, também. Poesia é melodia. A melodia banha e envelopa o bebê.

Mas, além do princípio de um bebê, é no espaço criativo ou potencial que está a relação maior entre a psicanálise e a poesia. Winnicott (1969b, 1975), leitor de Freud, mostrou o quanto a saúde mental situa-se no vão criado entre o bebê e a mãe, lá onde os objetos transitam entre a maciez e a cultura, o lúdico e o poético, a palavra e a organização da palavra. Com Freud e Winnicott, é possível dizer que, sem poesia, não há desenvolvimento humano ou digno do humano.

Mas sempre é possível ir além do princípio. Na psicanálise e na poesia.


## ATO 3

Há uma relação intensa entre poesia e psicanálise. Freud valeu-se da poesia, direta e indiretamente. Citou-a, aprofundou-a, foi amigo científico de Goethe, Heine, Schiller, Shakespeare, entre tantos outros.

Mas quero destacar o aspecto da inutilidade.

A psicanálise nasce sob a sombra da cura, mas desiste dela. Prioriza compreender.

A poesia nasce sob a sombra da ação, mas desiste dela. Prioriza representar.

Psicanálise pela psicanálise, sem fins utilitários; só para conhecer a pessoa.

Poesia pela poesia, sem fins lucrativos ou cognitivos; só para representar a pessoa.

Jogos pelos jogos, brincar pelo brincar. Sem os objetivos tácitos de uma medicação (psicanálise *versus* psiquiatria) ou de uma história em si (poesia *versus* prosa).

Não é para contar, para dizer, é antes e maior.

Não há como medi-las, demonstrá-las, não há, sobretudo, como objetivá-las.

Por isso, são marginais, em conflito com o mercado.

Duas palavras justapostas pela primeira vez (poesia) sem outro sentido que não a alegria de juntá-las. Avançando significados. Multiplicando. De volta ao ritmo do começo. Para nada palpável, longe do bem-estar, perto da bagunça.

Duas ideias justapostas pela primeira vez (associação livre) sem outro objetivo senão o prazer de juntá-las. Avançando significados. Multiplicando. De volta ao ritmo do começo. Para nada palpável, longe do bem--estar, perto da bagunça.

Por isso são marginais, em conflito com o mercado.

Poesia, que poucos leem.

Psicanálise, que poucos fazem.

Cachaças sem a atenuação de limão e açúcar na caipirinha.

Dois ofícios impossíveis.

Caóticas, dolorosas, mal e mal contidas pelas artes, cheias de vida, humanas, demasiadamente humanas.

# 21
# SEIS PROPOSTAS SOLTAS PARA UMA ESCRITA PSICANALÍTICA*

A primeira ideia foi buscar um modelo de confiança, como quem deseja um apego seguro (Bowlby, 1951, 1978, 1990). Escrever não é seguro, viver tampouco. Escrever é falar da vida. Ítalo Calvino era o nome a ser buscado. A sua meia-dúzia de propostas para a escrita do novo milênio ecoava como um norte. Eu quis, desde o começo, fazer uma coisa boa. Em seguida, pensei: não estarei à altura e mais: a culpa é de quem me pediu algo tão difícil: enfim, cada um tem o Ítalo Calvino que merece. Do imbróglio de raivas, incertezas, desconfianças, algum humor e muita esperança, retirei a primeira proposta: a decepção.

A decepção é a única certeza de quem escreve. Há de encará-la ou não fazer. Como o goleiro consciente de que tomará gol, senão não joga. Escrever é jogar. Quem não pode arriscar na brincadeira, não brinca. Para escrever, há um estranho paradoxo. É preciso ter colhões (ou peitos) e estar pronto para perdê-los. E recuperá-los. Evoca a história do jovem escritor Paul Auster, encontrando o velho mito Samuel Beckett. Auster esperava encontrar um autor feito, refeito, revisado. Mas foi aí que Beckett pediu ao novato que lesse um trecho que ele, Beckett, acabara de escrever. Estava ruim, achava ruim. O grande Beckett parecia pequeno ao olhar o pequeno Auster. Este teve a certeza que desejo transmitir

---

* Reescrito a partir de um artigo publicado originalmente na revista do *Ceapia*.

agora: chegar ao fim de um texto é reencontrar o começo de um ideal de ego ou ego ideal (Freud); tanto faz, a dor é a mesma. Significa deparar--se com a língua paralisada (Augusto dos Anjos) entre a ideia maior e o minguado resultado depois que a ideia topou a imperfeição da ação. Texto é ação, ou seja, aquém da imaginação que o sonhou.

Aqui um psicanalista foi tão claro quanto um poeta. Michel Soulé mostrou que há um abismo entre o bebê imaginado e o real. Os textos são nossos bebês. O autor, dentro de nós, corresponde ao bebê do contexto evocativo presente de Stern, psicanalista e escritor, trazendo a má nova de que uma criança exigente e exigida por adultos narcisistas (pais) não nos abandona nunca.

Agora o poeta foi mais claro: continuo ganhando o que ganhei, continuo perdendo o que perdi, expressou Paulo Hecker Filho. Continuamos crianças ao escrever. Eu escrevia mais quando era desprendido com minhas Emilys Dickinsons do que quando retinha meus Joões Cabrais. Eu sabia perder Emily, mas não Cabral. Escrever é emprestar, trocar vida por palavras, fazer um mau negócio, mas fazer. Fazer o possível. Melhor que nada. Uma solução de compromisso como a neurose, mas com transcendência.

A coragem de pôr um filho no mundo tem a ver com defrontar-se com o bebê real. A coragem de pôr um texto no mundo é a mesma. Textos são reais como bebês. Poesia é ação como qualquer outra.

Os prosadores também se debruçaram sobre o assunto com a mesma resistência. O parecer mais claro com que me deparei até hoje veio da escritora madrilena Rosa Montero (2004, p. 38):

> [...], o maior medo não é do próprio mal-estar, nem da exaustão de passar dias e dias sem poder desfrutar do trabalho. O que realmente horroriza é o resultado desse trabalho, isto é, escrever palavras, mas palavras ruins, textos inferiores à sua própria capacidade. Você tem medo de esmigalhar sua ideia redigindo-a de maneira medíocre. Claro que pode e deve reescrevê-la, consertar as falhas mais evidentes e até cortar partes inteiras de um romance e voltar a começar. Mas uma vez que delimitou sua ideia com palavras, você a manchou, puxou-a para a tosca realidade, e é muito difícil tornar a ter a mesma liberdade criativa de antes, quando tudo voava pelos ares. Uma ideia escrita é uma ideia ferida e escravizada a uma certa forma

material; por isso dá tanto medo sentar-se para trabalhar, porque é uma coisa de certo modo irreversível.

A palavra escrita é uma borboleta espetada na página. Por isso, ela é sempre triste (Quintana, 2005). Vale o mesmo para os bebês.

A mãe suficientemente boa, no sentido winnicottiano, colabora com o exemplo; na fase oral e anal do desenvolvimento, há de ter elogiado a avidez da boca e o volume das fezes do filho. Escrever é reencontrar saliva, fezes e mãe que nos sustente na hora insustentável em que todos, dentro e fora, detestarão a obra, desdenharão o penico, rirão de fraldas, verbos, intrigas, metáforas, acusando-as de banais, prosaicas, repetidas.

A nossa obra, insuficiente, nunca estará pronta, sempre exalará um mau cheiro, como aludiu Drummond. Mas é bem aí que o exército de uma mulher só – mãe ou substituta, enfermeira, madrinha, cuidadora – há de tomar a frente de batalha para garantir que o texto é perfumado. Este sobreviverá à pancada inevitável de que não é perfeito e nunca será como imaginamos quando ainda estávamos com a mãe. Pode ser o pai. Escrever é quixotesco no sentido de enfrentar a imperfeição, a incompletude, a fragilidade do mergulho e, ainda assim, vir à tona.

Segunda proposta – capacidade negativa. Aqui o inspirador não é Calvino, mas o analista Bion, digo, o poeta Keats, em quem Bion se inspirou. Enfim, nada sabemos, a vida e a psicanálise são oceanos imensos em busca de uma poça (uma gota) de sentido. De vez em quando, pegamos um em parte, por um tempo. É como a caverna de Platão, retomada pelo Saramago. Tudo o que vemos é pouco. Os textos chegam com a mesma pegada. A escrita tem pompa, ares de legitimação. Ela vem para ser definitiva, achar o nome da coisa sem nome, matar o terror, chegar ao umbigo do sonho (Freud, 1996b), conceder nem que seja a mísera resposta provisória. Ocorre que, no fundo, ela não concede. Quer dizer, não assim, na hora. Custa a e, quando dá, logo retira. Resta buscar novamente.

O texto vem para nos redimir e não nos redime. Por isso, fazemos outro e outro e outro. Reparador de nosso narcisismo, a segunda e definitiva chance, como Freud o descreveu. Sua majestade, o texto. Que nos vingue. Que mandato pesado para carregar! E o soltamos sem escrever, como quem liberta um grilo do sufoco da própria exigência.

Tem outro paradoxo, quase insustentável: o texto, por um lado, é como a vida. Pousa de ajeitado, olha como um ordenado, mas logo vem o dia a confundi-lo. E volta a falta de sentido até o texto seguinte. E texto sem vida é falso. O ciclo renova-se, infinito.

Logo sinto que é preciso um jeito humorado não para escrever, mas para sentir a escrita. Certo humor, de Freud ou Quintana, tentativa de não se levar a sério demais, aceitar que não é hoje nem agora, a vida continua misteriosa e fascinante à espera do texto seguinte. Como transar em busca do absoluto. Como brincar. Como parir (eu acho). Se a exigência for enorme, o resultado é sofrível. Que seja o texto possível. O filho possível, imperfeito e falho como os pais.

A obra seguinte, sim, trará a resposta: aguardemos como quem, munido de mais experiência, costuma ser saudavelmente mais displicente. Ela terá menos imperfeições. Mas antes precisamos terminar esta de agora, a entrevista dialogada, a monografia, o capítulo e até mesmo um livro, pobre diabo como qualquer pessoa ou texto.

Claro que o próximo não trará a resposta, esbanjará imperfeição como o anterior, mas há o consolo do próximo do próximo – este sim, a obra-prima –, haja capacidade de ilusão...

A terceira proposta estava, em parte, na primeira. Acabo de me dar conta de que sonhei demais o texto. Vislumbrei-o como a obra-prima. Seis propostas? Isto era para o Calvino da Europa, não o dos pagos – eu mal saí da segunda. Na quarta proposta, falarei da disciplina, da persistência, então persisto e só sossegarei na sexta.

Escrever é mexer na merda. No começo. No arcaico. Na criança. Esquecer, no tempo ínfimo de um texto (música), que já vimos; tudo é novo, tudo importa, estamos assustados e maravilhados como a criança apaixonada pela primeira vez. A crítica – supereu? – virá depois e felizmente tarde demais para quem seguiu a primeira proposta e fez a escrita. O trabalho está pronto e deve ser defendido como quem defende uma bala, um brinquedo, um sorvete. Com cobertura de chocolate. Como quando uma criança cai, mas não deixa o doce cair.

Escrever é impressionar-se com o simples, o banal, acreditar no milagre da sobrevivência e ir pondo uma palavra depois da outra como quem respira. O marido de Agatha Christie dizia: o método de minha esposa é simples. Há uma pilha de folhas em branco de um lado da máquina de escrever. Quando elas vão para o outro lado, depois de passar pela máquina, o livro está pronto. Que idiotice! Mas se eu disser idiotice, o texto para, e a gente não brinca mais. Tem que brincar. Inutilmente. Tem que escrever sem ter

SEIS PROPOSTAS SOLTAS PARA UMA ESCRITA PSICANALÍTICA

que; fazer por fazer, perder tempo sem medo do ridículo como mãe com bebê; a vida é ridícula fora daquele instante e a morte, mais ainda.

Há um sopro novo em cada idiotice, basta ver como as crianças se divertem. Como nos divertimos quando esquecemos que somos um adulto disfarçando uma criança. Freud comparou a criança ao poeta. Aí é preciso brincar. Isto bem cabia numa nova proposta, que eu deveria estar guardando. Eu? Eu não preciso. Eu agora me sinto como Ítalo Calvino. Eu sou Ítalo Calvino. E, por favor, podem passar ao capítulo seguinte, mas não me desmintam.

Obrigado pela esperança. Pela euforia. Para escrever um texto, carece certa dose de esperança e euforia. Para publicá-lo, é preciso estar maníaco; a depressão virá depois, com o resultado atingido. Texto não combina com saúde mental, especialmente do jeito como nós a definimos. Trata-se de uma loucura normal, a preocupação textual primária, parodiando Winnicott: escrever é parir. Sou louco e escrevo como é louca a mãe que pare e todos vocês, que, paridos, escrevem e leem.

Não lavem as mãos, leitores também são loucos. Adoeçamos por um instante, o instante de escrever e ler, porque a vida normal é cheia de sintomas (Winnicott, escritor prolífico). Pega teu medo, ele faz bem para as frases. Tua alegria, ela também. Escrever é aproveitar a vida e suas imperfeições, compensar a falta, a falha, através da arte. Tem que se puxar, sem se achar; a mãe que nos ache, porque ela achou uma vez e, onde estiver, continuará achando para sempre. Ela está dentro de nós como a história no livro.

Quarta proposta – Ler. Isto poderia encerrar o assunto, mas vou estender o argumento para não acharem que não estou escrevendo. É preciso ler muito e de tudo. Se o texto é como a vida, a criança na vida cresce inspirada, imitando, imitando outra vez, identificando-se, apropriando-se de vozes, olhares, toques, palavras alheias que a banharam muito para que um dia encontre as suas. Que ela encontra naturalmente se foi olhada, tocada, contada, cantada, lida pelo outro. Somos feitos de muitos outros. Também é assim que, certo dia, fazemos uma frase quase toda nossa depois de muita escrita de frase alheia (Calvino), principalmente se foram leituras abertas e não saturadas em seu convite à imaginação.

Quinta proposta – Chega o dia. Um dia, encontrei uma colega no aeroporto. Eu estava embarcando a minha filha pequena para uma viagem curta. A colega embarcava seu filho grande para uma viagem longa. A colega se abraçou em mim e disse: estou tão feliz e tão triste. Abracei-a. O cenário contava com dois atores em outro tempo. Eu e a colega choramos no saguão do aeroporto, psis malucos sem disfarce em via pública. Aeroportos são bons para quem quer chorar. Eles davam lições diárias de partir para o poeta Manuel Bandeira, que escreveu um bocado. Mas isso é outra proposta.

A colega e eu já podíamos escrever. Escrever é separar-se, achar as próprias palavras, metáforas maiores da separação, nem que dos filhos – a derradeira chance –, zarpar dos cuidadores, entrar na própria vida, cuidar-se, descobrir-se descuidado, desamparado sem outro consolo que não seja contar e reencontrar a poesia do nascimento, da dor, da esperança. Entrar no mundo das histórias que amenizam com tramas novas e nomes para as antigas. Por isso, escrever é triste e feliz. E a quinta proposta é inimiga da quarta, que mandava ler, porque manda esquecer o que se leu e inventar. Matar o livro de mãe, pai e ir ao texto para inaugurar.

Neste caso, a sexta proposta torna-se ainda mais radical e manda esquecer as outras cinco. Elas vêm de uma experiência pessoal, intransferível, como quase todos os encontros reais. Escrever é propor, inventar. Se vão ajudar alguém, não creio. Elas também não me ajudam a partir de agora. Estarei desamparado no texto seguinte.

Para escrever o capítulo, foi como viver um dia decente: tive de inventar tudo outra vez. Ainda ontem, sonhei que estava uma merda. Ao acordar, fui salvo pela primeira proposta, a de mandar à merda o ideal do ego ou o ego ideal. Na dúvida, mandei os dois.

Do fundo da merda, a mãe me elogiava, entusiasmada e esperançosa. Onde ela havia falhado, uma substituta (analista, obra) tinha assumido o timão. Se real ou inventada, já não lembro, mas estava lá como o texto. Sorrindo, acenando positivamente, vai, Celso, deixa a turba pensar o que quiser das tuas maluquices, das tuas insuficiências, da tua língua paralítica, da tua borboleta espetada na página, eu sei que tu és bom, tu és o meu maior, o preferido (Freud, 1996d). E me fazia sentir como uma criança entusiasmada com os seus primeiros dias, com os seus primeiros dejetos, com as suas primeiras obras: iludido no bom sentido.

Agora o texto está pronto. Eu, também. Para encarar Ítalo Calvino como a meu pai. Para me decepcionar, ultrapassar o texto, os dois. Para poder perder a mulher como o texto.

Não vou rasgar o que escrevi como tantas vezes quis e em tantas outras o fiz, nas horas em que minha mãe, friável, escorregadia, sumia de dentro de mim, não deixando ninguém em seu lugar.

Agora pretendo tolerar a dor decorrente de que o pobre coitado nada desvendou, logo ele que tinha tanta esperança. Quanto às críticas, levarei todas para a mãe que voltou e me espia aqui dentro. Entregarei para ela como quem alcança um lenço sujo ou mostra um penico cheio.

Na hora de escrever o próximo, pedirei de volta para limpar e tentar fazê-lo melhor. Ela dirá que todos estão loucos, que o que fiz está ótimo. Tiraremos de letra para novos encontros e separações, para novas e melhores palavras, encontros e separações.

Se houver elogios, aceitarei como uma criança que volta do banheiro. Ou um adulto que compreende a imperfeição do amor, mas não recua.

Textos podem ser abertos, mas escrever, no fundo, é como viver. Só o faz quem aceitou que é imperfeito. Mas sente que pode reencontrar o amor.

# 22
# HÁ ANGÚSTIA NA INFLUÊNCIA?*

Tudo isso
Veio do rosto de seu filho, que era leve
Amava o canto
Chamava a si os pobres
E tinha o hábito de viver entre reis
E de ver sobre si uma estrela na hora da noite. (Brecht, 2009)**

Há angústia na influência?
Há.
Se fosse tão simples, não haveria história nem vida; maiores do que uma pergunta, vida e história não cabem em questionários fechados, não são quantitativas. São também intersubjetivas (Fonagy, 2004), qualitativas, mesmo que as qualidades sejam defeitos. Vida e história têm a poeira de outras histórias e vidas (Nietzsche, 1985), invariantes de toda vida e história (Propp, 1970), mas no fundo são únicas, originais e, como não

---

* Escrito a partir de um trabalho apresentado no Encontro de Escritores Atlânticos-Açores--Brasil, Porto Alegre, 2005, capitaneado pelo escritor Luiz Antônio de Assis Brasil.
** Tradução de Paulo César de Souza.

fugi da resposta, não fugirei de me embrenhar no embate. Portanto, aí vem história de escritor, ou seja, de leitor e de vivente.

Não quero pôr minha mãe outra vez no meio disso. Mas como disse Winnicott (1986), tudo começa em casa. Em termos narrativos, ela foi a primeira fonte de influência. E angústia. O toque, o olhar, o jeito, ora mole, ora duro, ora com paciência, ora sem – ora mais ou menos – inauguraram o processo. Dia desses, arrumando gavetas, encontrei meus primeiros versos. Eram para ela. Eram bons de conteúdo e ruins de forma. Toda verdade olhada e pensada expõe o nervo. Desconfio de que o escritor também se forma nos dois primeiros anos de vida. Mas deixarei esta hipótese para outro cenário. Aqui, entre o literário e o psicanalítico (literário), começo a partir da mediação e do símbolo.

Toda análise é também a análise da angústia da influência. Influência como identificação, apego, investimento afetivo em sua majestade, o bebê. Angústia decorrente disso, apontando para o paradoxo necessário de toda vida: antes é preciso influenciar-se, depois é preciso libertar-se. Crescer é, portanto, gerir a angústia da influência.

Tentando olhar, com toda a clareza míope que me é possível, eu o vejo sentado à sua poltrona. Não era um livro, não era uma página. No máximo, o fantasma de um velho autor tornado homem ao feitio de Lígia Bojunga Nunes, fonte de influência e angústia posteriores. Não era Lígia, não era um bicho. Era meu avô. Fumava cachimbo, tomava cachaça, contava piada com sotaque polonês carregado no erre. Desde cedo, propôs:

– Escrrreverrrás a minha histórrria.

Um prato cheio para Serge Lebovici, estudioso da personalidade e da angústia das crianças. Para ele, narração e gente são um só. Somos o que sonharam para nós, o que nos contaram, o que não nos contaram e foi transmitido sem palavra nenhuma – só com olhar e toque – pelos antepassados e os presentes. A vida o escreve. Chamou o processo de transgeneracional e seu conteúdo, de mandato.

– Escrrreverás a minha histórrria.

Na frase, com seu mandato, encontrei o segundo nascimento (Drummond).

Meu avô veio de uma pequena aldeia no interior da Polônia. Fumava cachimbo, tomava cachaça, contava piada com sotaque carregado no erre, mas a história não vinha.

Meu avô se revoltou contra os dogmas de um pai rabino, angústia da influência, ardendo em vida. Fumava cachimbo, tomava cachaça, contava piada com sotaque carregado no erre, mas a história não vinha.

Meu avô fugia do gueto polonês para ler Dostoievski em russo e flertar com uma não judia, fumava cachimbo, tomava cachaça, contava piada com sotaque carregado no erre, mas a história não vinha.

Era domingo, no bairro Bom Fim, em Porto Alegre. Visitei-o com meu cachorro, um vira-lata que um dia também seria fonte de angústia de influência em livros para crianças. Anos de ouro e de chumbo. A minha pergunta foi clara:

> – Por que a história vem sempre aos pedaços e ainda não posso contá-la?

Silêncio, interrompido por um GOL, mais comprido ainda. O domingo era um cão escondido embaixo da cama (Quintana), como a história que não vinha. Nem a resposta. Houvesse, dispensava a literatura e a psicanálise.

De futebol em futebol, descobri aos poucos outro dado importante para o entendimento da trama. Na copa de 1974, meu avô polonês torceu contra a Polônia. Na de 78, descobri que a Polônia, mancomunada com a Alemanha, havia matado os pais de meu avô. E aquela história nunca tinha sido contada. Ela precisava de silêncios, cortes, fumo – alguma cachaça – para não doer tanto. Para não dilacerar. Ela precisava de literatura com muito Isaac Bashevis Singer que meu avô lia em iídiche no jornal *The Forward* (ele pronunciava forrrvard), reclamando que o excesso de sexo escondia o assunto principal. Qual era?

Meu avô raramente ia ao cinema ou ouvia música. E nunca respondia.

Angústia? De meu avô que, bem antes de ser avô, foi um jovem aventureiro que, tempos depois, do outro lado do mundo, apreendeu a morte dos pais e dos amigos.

A ciência nos ensina que nada é linear e não há fatores únicos desencadeantes. Há tão somente fatores associados, mas sinto que nesta influência – do homem e não do livro, como proclamava outra fonte de influência, o poeta Walt Whitman – estava a minha formação.

HÁ ANGÚSTIA NA INFLUÊNCIA?                                    169

Até hoje não consigo contar direito. Até hoje não consigo contar direto. Até hoje a narração é cheia de silêncios, criptas e nós. Até hoje ela é poesia, mesmo quando se propõe a ser ensaio. Até hoje ela é analítica, mesmo quando se propõe a ser explicativa. Ela nunca é definitiva. É poesia para os vãos da prosa do meu avô. Às vezes mais direta, como no caso:

> O avô atentou e disse:
> – vai, neto, ser contador,
> o mar está para números,
> imóveis, bolsos, alqueires.
> Mas distraiu-se no fogo
> calou-se na água da terra
> acidentou-se na língua,
> contou-se todo entre o ar
> de longe e a noite recente.
> Não caiu, porém dançou
> feliz e triste da dança,
> corpo na festa de under-
> berg, som. E lembrança.
>
> Então, o neto escutou,
> dedicou-se à poesia.

Influência com angústia é o tema do capítulo. Ele se cruza com o da identificação, tão caro à psicanálise. E à poesia. E oferece como um dos resultados, em se tratando de arte ou vida, o paradoxo. Porque sinto a relação ambígua entre a aceitação e a luta, a assimilação e a recusa. Conto ou extrapolo? Conto ou barbarizo? Intriga ou atmosfera?

Por um lado, em termos de palavras, até hoje sou sincopado, silencioso, de pausas, branco, poeta.

Por outro, luto contra isto, barulhento, negro, a cada madrugada, psicanalista. E ouço e conto histórias. De avôs, de netos, bichos, metáforas. Elas dispõem de tempo, ação, lugar, personagem, tudo a que têm direito. Mas não tem a extensão de um texto de Érico Veríssimo ou de um Tolstoi. Duram poucas páginas. Voltam ao silêncio. Do avô?

Agora quero voltar ao lirismo materno. Bebês precisam de prosódia, olhar, sintonia afetiva, como descreveu Daniel Stern (1997), evocando o movimento de uma dança. Também precisam de apego, como descreveu John Bowlby (1978), evocando o movimento de um encontro. Toda arte é coisa de criança (Houllebecq, 2012). Mas cumpro e não falo da mãe em si. Toda verdade (?) expõe o nervo. É importante que ela seja sentida e pensada. Traduzida como pede a literatura. Transcendida como pede a religião. Representada como pede a psicanálise. E a poesia. Desconfio de que o escritor se forma, como a criança, nos dois primeiros anos de vida. Mas deixarei esta hipótese para outro cenário. Aqui, entre o literário e o psicanalítico (literário), começo pela mediação e o símbolo.

De tudo fica um pouco (Andrade, 1980), no que o horror da vida sem nome consegue se transformar com o tempo e a literatura. Ou com arte, vínculo, representação. Psicanálise.

Pincemos outro trecho, com a ajuda do acaso, este que não sabe de nada (Quintana, 1990), Deus que eu mesmo desfaço (Leminski, 1989), repleto de lirismo e prosódia:

> É a mesma ruazinha sossegada,
> Com as velhas rondas e as canções de outrora...
> E os meus lindos pregões da madrugada
> Passam cantando ruazinha em fora!
>
> Mas parece que a luz está cansada...
> E, não sei como, tudo tem, agora,
> Essa tonalidade amarelada
> Dos cartazes que o tempo descolora...
>
> [...]
>
> Pobres cartazes por aí afora
> Que inda anunciam: – ALEGRIA – RISOS
> Depois do Circo já ter ido embora!...
> (Quintana, 1990)

Guardo o balaio com cadernos de sonetos, *melopeicos*, polifônicos, fixos em sua forma, melancólicos em seu conteúdo, simbólicos, marioquintânicos; dos vinte aos vinte e cinco, tentei ser e não ser Mario Quintana. A influência construiu-me e me forneceu instrumentos, recursos, técnica, sentimento, vida, apego, base segura. Identificação.

A influência angustiou-me e tive muito trabalho (literário, analítico) para me desapegar e deixar dela o que fosse tão somente a possibilidade de encontrar o próprio jeito por menor – ah Édipo! – que fosse. Aqui talvez vida e arte se encontrem novamente para nos lançar no que Sandor Ferenczi (1974) descreve como o desafio maior de uma vida: pensar por si mesmo, liberto não da angústia – pensar angustia sempre –, mas da influência. Ou do grude, da simbiose (Mahler, 1982). Do embate, como sempre, restou uma representação:

Minha poética no conteúdo é a coisa em si.
Na forma é a palavra comum com instante inusitado.
Mas desde que perdi o lirismo,
eu fiquei desleixado, desesperado
e meto poesia em cada fria:
no serviço público,
na gana privada
ou em qualquer grupo genial na capacidade
de não levar o indivíduo para a frente,
na mulher sem poesia aparente etc.

O poeta sobrevive sem água e sem sol.
Não precisa flor nem passarinho.

Quintana é um exemplo ao acaso, longe de ser único. Um grupo não pequeno de companheiros-fontes se reuniu a ele para formar e azucrinar para o bem e o mal como pai e mãe. Não são assim as famílias? Não é assim o desenvolvimento fora da literatura? Curar-se é gerir a angústia da influência.

Afinal, a poética – vida é poética – lutou muito para ser diferente da antissifilítica e antiburocrática de Manuel Bandeira. Para não ser a de Mário de Andrade poeta, contista, romancista, escritor de cartas.

Mas estamos narrando e há *flashbacks*. Para contar quem me influenciava e angustiava aos quinze anos. Nós perdemos sempre, diz Mário de Andrade, que eu ainda não conhecia. Aos quinze anos, eu era baixo, jogava mal futebol, não era musculoso, usava óculos, aparelho nos dentes, vivia no Brasil e na adolescência. A Liana não quis dançar comigo. Dançou com o Alberto, goleiro do time adversário. Minha vingança seria jamais colocá-la numa história. Ou poema. Escafedeu-se na vida, na arte mandava eu. Aos quinze anos, descobri Castro Alves, Álvares de Azevedo, o mal do século. Achei a cara do meu mal. Chamei minha rinite alérgica de tuberculose, forcei a tosse, escarrei um pouco de sangue, imaginei jorro e me preparei para morrer.

Sobrevivi a tempo de encontrar a cara de meu próprio mal, que não é bem o mal de toda gente (Quintana); em tempo de sofrer novas influências e expressar os próprios males, aos dezoito, com Fernando Pessoa e Cecília Meireles. A partir daí, pude me angustiar com Drummond, Gullar e João Cabral. E Nikos Kazantzakis, pai do Zorba, herói grego que desejei ser no parque da Redenção, em Porto Alegre.

Foram tantas fontes que tornariam a lista enfadonha. Só mais dois prosadores poéticos – a poesia para sempre –, Julio Cortazar e Jorge Luis Borges. Em algum momento da vida, se gritassem Jorge Luis, eu virava a cabeça, pensando que era eu. Eu queria que fosse. Hoje não quero mais. Que influência! Que loucura! Que angústia! Que trabalho para achar o próprio jeito. Quanta literatura, quanta psicanálise... Uma vida inteira.

Melanie Klein é uma das psicanalistas mais ficcionais que o mundo conheceu. As suas descrições clínicas são histórias e, por isso, mais duradouras do que a sua teoria. Alguns de seus conceitos envelheceram e não contam mais a nossa vida, como ocorre com quem, tentado pela explicação, deixa de contar. Mas pelo menos um deles é atual e expressivo.

Melanie contou a formação do símbolo, ouro para nós, viventes, analistas, pacientes, autores. Chegou à conclusão de que, sem angústia, não simbolizamos. Senti a pertinência da ideia quando introduzi uma terapia com contos de fada junto a crianças institucionalizadas, na França; eram maltratadas afetivamente; eram tristes demais e criavam menos; com o tratamento, não ficaram menos tristes, mas começaram a expressar a tristeza e a criar mais (a cura?).

Mas estou contando a coisa toda, pensando num pedacinho da história, quando ficaram angustiadas com medo do lobo e da bruxa, antes de poder criar. Era como se, sem angústia, não inventassem. Klein falou, no seu estilo, mencionando coisas do tipo sadismo primário, equação simbólica, substituição do ataque ao corpo materno por uma metáfora. Não sei se a acompanho em sua escolha quase linear para definir o campo marcado pela psicanálise. Mas sim com as crianças na ideia vivida de que o outro nos alimenta e constrói; angustia-nos e, angustiados, lutamos para encontrar a nós mesmos no meio da barafunda. O trabalho começou com o

HÁ ANGÚSTIA NA INFLUÊNCIA?

bebê, mas é para a vida toda. Trabalho de literatura. Trabalho de psicanálise.

Lembro agora de Henry Miller, Adélia Prado e Cora Coralina, que foram amadurecer seus estilos e achar suas partes únicas no símbolo bem depois de muito bem e muito mal. Não sei se era para pôr tanta poesia nesta prosa. Tanta angústia na influência. Ou opinião sobre elas, afinal sigo no olho do furacão, buscando estilo, pensamento, jeito de expressar o que muda a cada segundo, trabalho (poesia, psicanálise) para uma vida inteira. Sigo na luta de aproveitar o silêncio de meu avô, o defeito, a falta, o limite. Sigo me analisando e escrevendo; análises e literaturas podem ser intermináveis.

Agora quero agradecer à angústia. A ela devo a parte mais essencial do passado. E do presente. Para ela, sempre haverá Outro e alguma literatura. E psicanálise. Só peço que nunca ceda a remédio, consolo. Que continue a expandir a minha pessoa nos encontros com o outro e consigo mesma.

# 23

# PSICANÁLISE E LITERATURA: A RESISTÊNCIA POSITIVA DA CULTURA*

> Que beleza é saber seu nome
> sua origem, seu passado e seu futuro. (Maia, 1974)

Freud criou a psicanálise. Com ela, roubou o sono da humanidade e trouxe a peste ao sacudir a ideia de que somos lógicos, objetivos e comandamos nossas vidas. Entre os pilares da sua criação, está o inconsciente, ou seja, a sabedoria de que não sabemos.

Mas a literatura já sabia disso. Édipo e Hamlet não teriam suas vidas resolvidas com medicação ou conselhos. Não teriam a vida resolvida. Vida não se resolve, vive-se e tenta-se compreender pelo menos um pouco para viver muito melhor.

O diabo é que Freud trouxe o imbróglio para a vida mesmo, descrevendo-nos como personagens complexos, sem iluminismos e nem vacinas para lidar com o desconhecido dentro de nós mesmos. Depois de Freud, o inimigo já não mora ao lado: vive dentro.

Outro pilar da psicanálise é a descoberta de uma sexualidade infantil. A criança, desde então, nunca mais seria a mesma. No entanto, pouca gente sabe que Freud também foi o precursor da psicanálise infantil. Em 1909, ao publicar o clássico *A análise de uma fobia em um menino de*

---

* Reescrito a partir de um artigo publicado originalmente na revista *Norte*.

*cinco anos*, a história de Herbert Graf, conhecido como o Pequeno Hans. Há pouco mais de cem anos, ele foi a primeira criança atendida pela psicanálise.

À nossa análise interessa contar um pouco dessa história. Com Umberto Eco, sabemos que as obras são abertas, e cada leitura propõe novos sentidos. Mas tentaremos sublinhar as relações entre a psicanálise e a literatura a partir da comparação (cultural) entre quem foi o Pequeno Hans, esta criança centenária, e uma criança hoje.

A tarefa é difícil, mas talvez menos que a de Freud, porque podemos nos beneficiar do seu pioneirismo. Como imaginar que mil e novecentos anos judaico-cristãos não viam a criança como ela era? Imaginavam-na como o seu narcisismo queria, um ser puro, desprovido de maldade, erotismo, sexo e feito só de inocência. Freud teve a genialidade de ver mesmo. Isto talvez tenha bastado para o Pequeno Hans sentir-se melhor: ser visto de verdade, ser compreendido. Ser compreendido é uma de nossas sedes maiores.

Mas quem era Herbert Graf? Um menino de cinco anos, filho de Max Graf, musicólogo pra lá de culto, colaborador de Freud. Hans também era um menino como os outros, obcecado em brincar e tarado por "palavrões" como pinto, bunda, xexeca. Para Freud, interessado em relacionar vida sexual e neuroses, um prato cheio.

As crianças ainda são feitas pelos pais, ou seja, pelos corpos ou pelo menos pelas substâncias dos corpos, tais como células, genes, tudo concreto. Mas também e, sobretudo, pelos afetos de quem as fez, daí o abstrato. Além desses, uma cultura e suas representações sociais também as fazem diferentes a cada época.

Hans não era uma criança como a do século XXI. Ele prestava atenção, passava horas focado num objetivo, mentalizava, era capaz de produzir muita subjetividade. Hans não passava o dia olhando a tela de um computador ou matando inimigos no *Playstation* 2. Por isso, quando adoeceu mentalmente, não teve um déficit de atenção, com hiperatividade. Ou sem. Teve uma fobia. Hans passou a ter medo de ser mordido por um cavalo e recolheu-se em seu quarto como uma criança assustada. Em seu quarto, não havia videogame.

O pai se aproximou do filho, o terapeuta (Freud) se aproximou do pai, o trio se encontrou e, muito além de confirmar teorias – de Freud e Hans, o prato cheio –, falaram, ouviram, brincaram com o vazio. E contaram histórias. Eles permaneceram juntos para encarar o bicho-papão de um sintoma, esta linguagem às avessas de uma dor, pedido de socorro para ser escutado e compreendido. Fizeram o que a psicanálise faz. Através da fobia, Hans solicitou ajuda, foi escutado, compreendido e agora já podia ir ao parque sem medo de cavalo ou bicho-papão. Hans estava preenchido. A psicanálise preenche.

Aqui entram a cultura e as diferenças dos cem anos que nos separam de Freud. As épocas também são obras abertas, cada uma tem do melhor e do pior. Hans, por exemplo, não podia pôr a mão no pinto. A mãe ameaçava chamar um médico, que o cortaria. A era era vitoriana, e Freud sentia nisso, com razão, o alimento da neurose.

Cem anos depois, mãos nos pintos e nas xexecas são mais bem acolhidas, ainda que não completamente, e o resultado é menos histeria, que já nem existe nas classificações psiquiátricas. A saúde mental agradece. Mas tem do pior da época, e podemos listar por baixo: já não há pais tão presentes como Max Graf. Já não há tempo para viver como Herbert Graf ou tratar como Sigmund Freud. Tudo é pressa, corte – o cinema contemporâneo, o miniconto, o twitter – e descartável. A saúde mental claudica.

A pressa pode ser boa para o movimento financeiro e o acúmulo de riqueza individual. Para a distribuição da renda e dos sintomas, é péssima. Para o desenvolvimento da criança, pior ainda. Criança precisa de tempo para perder, compreender, elaborar. A elaboração é outra de nossas sedes maiores. A vida cobra a pesada moeda, como sugeria o brasileiro Quintana, e viver é estar em conflito, como sugeria Zorba, o grego.

Para encarar o desafio, só contando e ouvindo, aludindo e simbolizando como fizeram Hans, o pai e Freud. Como fazem a literatura e a psicanálise. Mas hoje é um tempo no qual garantir o interesse de poucos inunda a maternidade e a paternidade de muitos com a propaganda enganosa de que viver significa ser feliz, ter prazer, aproveitar tão somente.

Freud aprendera com os filósofos mais tristes e verdadeiros que tem o outro lado. A vida é feita de pares contrários – vida e morte –, e a alegria é somente um dos capítulos. Em seu livro aberto, há também o desespero de Kierkegaard, o peso de Schopenhauer, a tristeza dos românticos e de todos nós. Estes também têm estética, graça, valor. Não se trata de apregoá-los, mas sim de acolhê-los como parte de uma vida feita de guerra e festa (Leminski).**

---

** Comunicação oral não publicada.

Já mencionamos o virtual, outro filho da tecnologia, que encurta distâncias e tempos e, às vezes, até salva vidas. A ideia não é atacá-lo, mas defender o espaço real de encontros olho no olho, toque no toque, mão na mão, porque a saúde mental, em seu começo e continuação, precisa disso. O encontro, na psicanálise e na arte (literatura), também se aproxima do real.

A arte cresce, na cultura contemporânea, de mãos dadas com a psicanálise: o cinema, mesmo com cortes, a pintura, mesmo com instalações não figurativas, a literatura, mesmo sem as argúcias de um Tolstoi, um Machado de Assis, o humanismo, de Zweig ou Schnitzler, contemporâneos de Freud, a música pesada, funkeira, metaleira.

As artes não são feitas para serem terapêuticas, mas a psicanálise, ao contrário do que se pensa, não nasceu para curar. Ou se nasceu, Freud, mais ao final da vida, reconheceu os seus limites. A cura, no caso, não é acabar com o sintoma, mas sim conhecer, pensar, sentir, liberto para viver como se é. Freud (1996e, p. 196) explicou com mais clareza:

> É verdade que nem sempre conseguimos ganhar, mas, pelo menos, podemos geralmente identificar por que foi que não vencemos. Aqueles que estiverem acompanhando a nossa exposição apenas por interesse terapêutico provavelmente se afastarão com desprezo, após esta admissão.

Trata-se de espaços em comum e não diretos de tratamento, onde se pode perder tempo, imaginar outra vida com alegria, tristeza, alívio e dor. E, assim, nadar contra a corrente de um mundo que ganha dinheiro com o alívio imediato e perde o que a vida tem de mais humano: a subjetividade. Desassossegada.

A civilização judaico-cristã teve um modo de maltratar as crianças, desde não reconhecê-las até abusá-las sexualmente. O modo do século XXI talvez seja este: cortar o tempo de perder tempo, de comparecer aos encontros (Sabato, 2008), encontrar realmente, poder ser triste na hora da tristeza, angustiado na hora da angústia e, a partir disso, desenvolver-se, criando e fazendo laços.

Saudades do Pequeno Hans, a criança que teve o direito de ser fóbica e a oportunidade de tornar-se atenta.

Que a literatura e a psicanálise não arrefeçam na luta de cavar espaços para que as crianças ainda possam sentir do melhor e do pior em paz.

# 24
## POR UMA INFÂNCIA SÓLIDA DE HISTÓRIAS*

Minha pátria é minha infância:
Por isso vivo no exílio. (Cacaso, 2012)

Instigado a pensar sobre o tema da infância hoje, deparei-me logo com as relações efêmeras (líquidas) contemporâneas (Bauman, 2007) e os efeitos disso nas crianças que criamos. Ou tratamos.

Também fiquei pensando no abismo entre uma psicanálise adulta e infantil, praticada há mais de século, e seu alcance ainda hoje limitado em nossa realidade social, marcada por flagelos, pobreza, carência economicoafetiva e cuja vítima principal, como nas guerras, é a criança.

Comecei, portanto, realistamente paranoide. Algumas elaborações depois, tento chegar a uma posição depressiva (Klein, 1975) ao dar-me conta de que, como psicanalistas, os tratamentos que propomos, apesar dos seus limites, constituem os instrumentos mais sólidos do arsenal contra a liquidez contemporânea. Como escritor, fora das páginas, colaboro com a socialização da psicanálise.

Decidi contar esta possibilidade de história com a esperança de que seja expressiva da infância em um país como o nosso. E uma boa história,

---

* Artigo originalmente publicado na *Revista de Psicanálise da Sociedade Psicanalítica de Porto Alegre*, 2011.

dessas que nossos antepassados contavam sem saber que promoviam resiliência (Cyrulnik, 1999).

– Se a Liana pedisse pra tu te matar, tu te matava?

A pergunta foi desferida como um golpe surpreendente. Aquela criança já sabia golpear com as palavras. Meio caminho para a aprendizagem e a saúde mental já tinha sido trilhado.

Agora vamos ao contexto. Não era um conto nem uma piada. O diálogo veio da vida e caiu direto no livro, que conta os benefícios das histórias na vida mental de uma criança em tempos de narrativas tão fragmentadas, seja pela realidade (dura, traumática), seja por uma cultura que prioriza a imagem e o corte em detrimento da continuidade (história).

Estávamos no meio de um projeto sagrado, o "Adote um Escritor". Promovido pela Câmara Rio-Grandense do Livro, em Porto Alegre e cidades do interior, oferece uma proposta que parece literária.

Não é. Ela é ainda mais viva. Trata-se da promoção de saúde mental no sentido mais elevado. Durante meses, a escola e sua equipe mobilizam-se para trabalhar os livros de um escritor. Fomentam a leitura, estimulam a criatividade, criam peças de teatro, filmes, papos, sonhos; geram expectativas com a esperança de um encontro estruturante como o de uma consulta terapêutica. São escolas da rede municipal ou estadual, todas públicas, a maioria de periferia, vivendo verdadeiros flagelos econômicos, afetivos e sociais.

Mas não de vida imaginária.

E não há flagelos no Projeto. A realidade é outra. Trata-se de investir no sonho e na estética como fomento da vida mental (Meltzer; Williams, 1994); na possibilidade de outra realidade, nem que por dentro, primeiro passo para mudar por fora. Não é assim o movimento da psicanálise e da literatura nos indivíduos?

Meses depois, o escritor vai à escola encontrar as crianças. Os pequenos leitores dão-se conta de que aquele criador é de carne, osso e sentimentos. Como elas, que criam estilingues, pandorgas, carros de lomba, *skates*, brincam de bola, caçador, pique-esconde. E tentam ordenar o caos e criar formas de lidar com a frustração. Ou de viver, apesar da morte. Só muda o brinquedo: ele brinca com as palavras, com xis se escreve xícara, com xis se escreve xixi (Quintana, 1984a), mas é tudo lúdico na busca de novos espaços por dentro e por fora, não faças xixi na xícara, o que vão dizer de ti?

Não são assim a psicanálise e a literatura contemporânea quando brincam com palavras junto a crianças e adultos?

No encontro, não se perde a dimensão do sagrado, mas se reparte. Agora todos podem criar. Eu estava conversando com as crianças daquela escola, talvez a mais pobre de todas. Na periferia da periferia, cercada por várias gangues de traficantes, todas respeitosas para com a instituição, sentindo nela a saúde a ser preservada numa comunidade doente como a sociedade de que faz parte. Antes, havia perguntado à professora:

– Por que não depredam a escola?

– Talvez porque a gente faça desfiles de animais – respondeu, com cara de salvadora da pátria.

– E desfile de animais da palavra – acrescentei, tentando engajar-me na sua utopia, sem a pretensão de salvar, embora já sentindo um grão de salvação, trazido pela literatura. De certa forma, eu mordia como comordemos com os pacientes nos tratamentos.

Na sala de aula, sob os apupos de entusiasmo, como quase sempre, um menino perguntara por que eu escrevia. Como quase sempre, eu respondia contando. Porque as crianças – e os adultos – prestam mais atenção às histórias do que às prescrições. E vivo de contá-las e escutá-las e, àquela altura do ano, as professoras já haviam contado o suficiente para que as crianças se dispusessem a ouvir. A contar. A perguntar.

A criança, quando ouve e conta, consegue chegar ao auge saudável de questionar. Mentalmente está salva, segundo o psicanalista René Diatkine (1994), um *expert* das relações entre contos e psicanálise infantil. O menino de ex-olhar triste estava no auge do Diatkine. E perguntou:

– Se a Liana pedisse pra tu te matar, tu te matava?

A história que eu contava era *Liana Livro*. Ela relata o drama relativamente autobiográfico de um menino apaixonado pela menina a quem convida para dançar numa reunião-dançante dos anos 1970. Até aí é bonito; o feio surge quando ela não aceita. Porque ele não é bonito por fora na hora da vida em que a estética da aparência vale mais que a de dentro, na subjetividade e na poesia. Este é o nó da história e a alma da resposta.

Ela não aceita, porque o meu alterego é baixo, tem dentes tortos, não é sarado, joga mal futebol. E vôlei, handebol. A petulante – ou realista – Liana acabou dançando com o Alberto, goleiro titular do time, um sujeito atraente, alto, musculoso; meu alterego era ruim o suficiente para ser goleiro reserva: os melhores jogavam na linha.

No final, entre chorar e morrer, ele preferiu outra opção: reescrever a história, reinventando a realidade. Pegou papel, caneta e começou a refazer o mundo. Fez literatura, mas não é meio assim a psicanálise? Este é o trecho que responde por que escrevo. Ele a meu ver também expressa psicanaliticamente o que é saúde mental. Não se trata da ausência de sintomas, mas da possibilidade de viver a vida como ela é (Winnicott, 1975).

No entanto, a parte que mais encantou o menino foi o começo da trama, quando a paixão do jovem, descrita de forma passional, assinalava que era inteira, o que incluía todas as partes do objeto amado: cabelos, cheiro de cabelos (xampu ou creme rince como na época) e até mesmo o aparelho nos dentes que a Liana usava com direito a sardinha do sanduíche grudada nas fendas e fedendo.

Para o protagonista – e o menino da escola –, cheirava bem, mas o que é a capacidade de elaborar senão transformar um cheiro ruim em bom ou ao menos suportável? Ver a entrelinha, o outro lado? Não seria também, de certa forma, o que a psicanálise promove com crianças e adultos?

– Vamos dançar? – ele perguntava para ela.
– Não – ela respondia.
– Por quê?
– Vai te enxergar.

Então eu contava que ele ia se enxergar, porque estava tão completamente apaixonado que atendia a todas as ordens da menina amada. Ao enxergar, via-se como era: baixo, com dentes tortos, nada sarado, mau jogador de futebol, vôlei e handebol.

Na história que eu escrevia, com caneta esferográfica, na folha dupla de papel almaço, ele era alto e tinha dentes brancos e perfeitos. Era craque. Titular. Jogava na linha. Goleador. E, quando perguntava pra Liana "Vamos dançar?", ela respondia sem titubear:

– Claro que sim, bonitão.

E reafirmava:

– Claro que sim, gostosão.

Em geral, o trecho era acompanhado de risos. E foi. Mas, desta feita, entre eles, foi desferido o golpe da tal pergunta pelo menino de olhar muito sério e concentrado no detalhe da paixão incondicional, descrito no começo do conto:

– Se a Liana pedisse pra tu te matar, tu te matava?

A questão podia ser banal. E bastar em si mesma. Mas era de estourar foguetes – os traficantes do local o faziam para avisar que a polícia tinha chegado – a fim de comemorar a capacidade mental de um menino capaz de perguntar. Um paciente capaz de fazê-lo já pode ter encerrado a sua análise?

Ali, intervindo mental e socialmente, com a psicanálise na alma, tudo o que queremos é contar histórias para que as crianças experimentem o prazer de contar e ouvir, o que significa poder perguntar (Diatkine, 1994), subjetivar-se e, mesmo que pontualmente, tratar-se.

Mas, sem falsa modéstia, a curiosidade era de patamar mais alto que o do Diatkine. Não surpreendia: estávamos diante da literatura, esta psicanálise sorrateira e aberta, que começa em casa quando uma mãe e um bebê descobrem o prazer de cantar e contar. De estar junto. De certa forma, estão salvas, porque agora já podem salvar-se contando e cantando. Fora das histórias (do ritmo), não tem salvação (Quintana, 1984a).

A realidade é que estava em patamar mais baixo. Aquele menino era criado pela avó, porque o pai traficante estava preso, e a mãe havia se matado, como me contou a professora que falara do desfile de animais.

Dito assim de supetão, pode chocar, mas não é este o objetivo da psicanálise. Nem da literatura; pelo contrário, elas vivem de compreender, envelopar fatos chocantes, traumáticos, o que é enorme.

POR UMA INFÂNCIA SÓLIDA DE HISTÓRIAS

A escola abrigava outras histórias como esta. E partia em busca de narrativas mais distantes de uma realidade em que a figura paterna é rarefeita e a materna, frágil, deprimida, invariante frequente da população e da contemporaneidade. A escola partia em busca de realidades de patamar mais elevado.

O que resta são os substitutos, avós, madrinhas, vizinhas. Muitos dramas eram amenizados pela comunidade, assim como uma relação transferencial também pode, com mais dificuldades e menos recursos, mitigar dores originais. Como as mitiga a imaginação, coconstruída a dois, na transferência para nós humanos. Felizmente, com algum alento de começo, tornamo-nos predispostos a prosseguir, transferindo ao longo de toda a vida e mesmo no final.

O que propúnhamos era um mediador, a literatura. A metáfora, o símbolo, pois sabemos que sem eles é difícil acompanhar certos trechos de uma vida, conforme podemos observar no relato comovente de Michèle Petit (2009, p. 86):

> Contudo, se não é intrusiva, uma terceira pessoa pode propor uma situação de intersubjetividade benéfica em torno de objetos culturais, capaz de criar uma margem de manobra. Relatos, poemas, mitos, lendas transmitidos por um mediador, transmitidos pela sua voz protetora, abrem por vezes um espaço de devaneio, de fantasia, quando este falta.

O menino era realmente criado pela avó. Mas tinha o seu passado e dele falava na pergunta. Era dele de que precisava falar. E precisamos contar, a cada história que ouvimos no presente. Ou lemos. Ou trazemos para as nossas análises.

Um contador de histórias é como um analista: ruim de responder. Eu nada respondi. Um contador (um analista) é bom de espichar, criar campo, rebater a pergunta, gerar outra (história), instigar curiosidade sobre si e o outro. É o que fiz até descobrir, nas entrelinhas, a realidade daquela imaginação.

A certa altura, lembro que falei:

> – Acho que eu não me matava, porque tudo tem limite, até mesmo o amor.

Lembro que a resposta não iluminou o olhar triste do menino. Não era a de que precisava. Movido pela contratransferência, foi o meu primeiro equívoco analítico. Mas uma história (uma análise) bem trabalhada – daí também os benefícios de serem longas – abre-se e concede chances ao novo sentido, na transferência. E, quando eu disse "Puxa, se é por amor, tem seu charme", o olhar tornou-se mais alegre, agora sim espelhado pelo meu.

Lembrei-me de um poema de Joan Brossa (2005): "Tem nariz,/boca, braços/e pernas./Escolha uma parte.//Os olhos".

Tratar é também tratar-se, rever-se, reavaliar o sentimento a partir da relação com o outro. E refazer-se na relação com este outro; um primeiro eixo examina o primeiro olhar, um segundo eixo o reconstrói se houve alguma troca lá no começo. Em geral houve, conta-me sempre a esperança.

Saí da escola como costumo das que me adotam – este é o termo carregado de significados que usamos corriqueiramente no Projeto –, ou seja, triste, alegre, cansado, revigorado, contente, esperançoso. Não necessariamente menos sintomático: mais vivo depois de um encontro verdadeiro, como às vezes saem de uma análise analista e paciente.

Saí também com uma hipótese, ou seja, nova possibilidade de narrar: o menino havia refeito a narrativa de seus pais. Agora o pai traficante era amado pela mãe suicida, que havia se matado por ele.

Novelesco?

Como a vida.

Tratar-se é também poder mudar o rumo de uma narrativa, encontrar novas e verossímeis possibilidades para ela. Reescrever a novela e melhorá-la. É tudo linguagem, expressou um autor, antecipando-se como sempre aos *insights* dos psicanalistas (Rosa, 1980).

Agora, depois de um conto, aquele menino era filho de pais que se amavam. Estava iludido, mas este é um dos efeitos positivos de uma história que nos alimenta para que possamos nos desiludir; bastam novos bons encontros. Novas histórias para aceitar a vida e a morte.

Sinto que não há saúde mental sem ilusão e desilusão, e estas não existem sem histórias. As mães o promovem naturalmente (Winnicott, 2002). Uma hipótese constrói um sentido possível na leitura da narrativa. E não estávamos diante de uma trama qualquer. A minha, a primeira, banhava a do menino, a segunda, apontando para a terceira, a nossa (Golse, 1999). Não poderia ser o resumo de uma análise com uma criança ou um adulto?

Quando se conta, promove-se a interação entre olhares, o banho de voz. Também se oferece um objeto transicional para construir a separação entre a mãe e a criança. Mas penso que das funções psicanalíticas não premeditadas de um conto, esta é a maior. E das funções narrativas não premeditadas de uma análise, esta é a maior.

Do ponto de vista psicanalítico, a aprendizagem evoca a possibilidade de uma nova história. Trata-se do ingresso no mundo simbólico; aprender significa poder representar conscientemente. E simbolizar. Toda criança que lê e escreve está no mundo transicional, de Winnicott (1969b, 1975), na terceira história, de Golse, que não era a sua e nem a de sua mãe: "Pompas do mármore, negra anatomia/que ultrajam os lagartos sepulcrais,/da vitória da morte os glaciais/símbolos congregou. Não os temia [...]" (Borges, 2009, p. 139).

Aqui está outro ponto em comum entre a literatura e a psicanálise: como na metáfora de Borges, livro e leitor, analista e paciente coconstroem a possibilidade de não temer o símbolo. E adentrá-lo para enfrentar o pânico que se esconde por detrás do que ainda não está conotado.

Aprender significa que um segundo ego estruturou-se a partir de um primeiro, do qual se separou. Agora podem vir a língua, o conhecimento, a aprendizagem.

Dificuldades de aprender, quando protegidas das etiquetas da moda e de um contexto científico denotativo e ganancioso, apontam histórias carregadas de insuficiência afetiva e tentando contar à sua maneira para compensar as faltas (Bettelheim; Zelan, 1991).

O conto é, *per si*, a outra história. De lambuja, alguém o conta e se oferece como objeto para a transferência. Junto com o símbolo, a metáfora, o porto seguro e nada ingênuo onde podemos projetar os fantasmas que nos impedem de aprender, ou seja, sair de si ou da díade com a mãe. Para estar a três. Para encontrar o pai. Para entrar no mundo. Não enlouquecer. Criar, inventar. Neste sentido é uma droga do bem, isenta de efeitos colaterais ou interesses de um determinado grupo: a contalina.[**]

A aprendizagem é o terceiro, o sumo da saúde mental. O ingresso na criação, na invenção. Para Melanie Klein, não há aprendizagem se a curio-

---

[**] Expressão do psicanalista Victor Guerra para se referir às nossas pesquisas clínicas que utilizam o conto como mediador (Gutfreind, 2010).

sidade sexual está sufocada. Se ampliarmos freudianamente o conceito de sexualidade, podemos aventar que para aprender é preciso conhecer a própria história. Para tratar-se, também.

Atendi no consultório uma menina que só pôde aprender depois que conheceu a sua verdadeira história de adoção. Melhorou depois de ouvir a realidade de forma mediada pela ficção de brincar.

Atendi numa instituição um menino que era filho de uma relação incestuosa da mãe com o avô materno. Melhorou depois de ouvir um conto sobre o palhaço apaixonado pela domadora de leões; a partir do conto, pôde imaginar outra história em que podia ser um palhaço capaz de transformar em alegria as tristezas da sua origem.

O menino da escola, depois de ouvir uma história, também saiu com outra em que a vida e a morte contavam agora com outro sentido. A mãe já podia ter morrido de amor ao pai amado. O menino podia ter mais esperança.

Para quem acredita em próteses feitas pelo encontro e a imaginação... Ou em psicanálise para rever realidades como os escritores, os leitores, os analistas e os pacientes, nós estávamos diante de uma tragédia aberta, com um final mais feliz.

É preciso estar razoavelmente feliz para aprender.

# 25
# PSICOLOGIA E LITERATURA – VARIAÇÕES EM TORNO DE MANOEL DE BARROS

Naquele outono, de tarde, ao pé da roseira de minha avó, eu obrei.
Minha avó não ralhou nem. (Barros, 2003)

Há muitas relações entre a psicologia e a literatura. E são vitais. A psicologia, na parte que mais gosto e utilizo, não existiria sem a literatura. Alimentou-se dela, bebeu nela para existir socialmente. Intimamente. Para se tornar verdadeira. Psicologia e literatura, como de resto, só valem se verdadeiras. E a única verdade que se conhece é a vida. A psicologia, sem ela, estaria morta. Um paradoxo.

A vida não nasce propriamente no nascimento, mas com a acolhida. Toda vida é adotada. Sem afeto, corre o risco de ser concreta. Os fantasmas a devorariam. Ou a falta de abstração. Morreria mesmo e não haveria espaço para psicologia ou literatura. A acolhida come, mija, caga, enfim, ama. E cresce se não é ralhada de limites.

Precisa ser olhada por alguém que a faça sentir existindo. Continuando. Dizer isto é da psicologia. A psicologia diz. A literatura canta e, apesar das aparências, faz. Poesia é ação, a única do começo entre mãe e bebê, base de quase todas as outras. Por isso, o literário interessa ao psicológico. E este não vive sem aquele. Ambos necessitam da subjetividade.

> Obrar não era construir casa ou fazer obra de arte.
> Esse verbo tinha um dom diferente.
> Obrar seria o mesmo que cacarar.

É da psicologia ver que se chega ao mundo com um aparato para o apego. Para o encontro do outro, que nos salva. Braços para isto, reflexos para isto, balbucio, baba, choro, chamados. Tudo constituído para o grande encontro. Quer dizer, não precisa ser grande, precisa ser, outra vez, verdadeiro. Mãe-bebê, na origem. Paciente-analista, na transferência. Como a psicologia que mais gosto e utilizo. Como a literatura que preciso ler. Para, novamente, continuar a existir. Ou seja, vivo, ou seja, com desejo, autoestima e alteridade.

Isto e mais aquilo constitui a base de um sujeito meio livre, razoavelmente autônomo, banhado de olhar, água, comida. Para sobreviver e viver. Para penetrar na subjetividade. Para mergulhar na linguagem. Só depois, quando o essencial está feito, vêm as palavras. As palavras dispensáveis, mas vivas; portanto, no paradoxo: indispensáveis. Psicologia e literatura.

> Sei que o verbo cacarar se aplica mais a passarinhos.
> Os passarinhos caçaram nas folhas nos postes nas pedras
> dos rios
> nas casas.

A literatura é injusta como um banco. O banco empresta dinheiro a quem já tem.[*] As palavras se dão mais a quem cavou um espaço para elas. Na vida mesmo, olhada, acolhida, desejada. Mas palavras vivas como a esperança cavam outros espaços. E, se houve um mínimo de encontro, as palavras podem reparar a vida. Isto sim são psicologia e literatura. Juntas. A palavra que vem para encontrar e partir. Para preencher, separar-se e evocar a falta de Freud, Lacan, de todos nós.

> Eu só obrei no pé da roseira da minha avó.
> Mas ela não ralhou nem.

---

[*] Júlio Campos, comunicação oral não publicada.

> Ela disse que as roseiras estavam carecendo de esterco
> orgânico.
> E que as obras trazem força e beleza às flores.
> Por isso, para ajudar, andei a fazer obra nos canteiros da
> horta.

O mundo tem o seu tamanho. Fora da subjetividade (literária), não é um palmo maior nem menor do que lhe cabe. Ele tem momentos de surpreender com a arte. A literatura. O amor. O que a psicologia almeja. Mas não no dia a dia. O dia a dia é menor, comezinho, rotineiro, mesmo nos grandes encontros. Doloroso.

Vejam o daquele bebê que nasceu na vida. Uma história puxa a outra. Encontrou o pai reencontrando um pai severo. Uma mãe reencontrando uma mãe de um desejo não tão forte. Há vida e morte antes da vida. Histórias preparadas, repetições à espreita. Pronto: o que é vivo encolheu por falta, mas poderia ser por excesso. A psicologia, então, olha para a mãe que ralha, o pai que ralha, a falta. As faltas. A psicologia e a literatura combatem as repetições e as contam, infinitamente, para contar o novo. A cura.

> Eu só queria dar força às beterrabas e aos tomates.
> A vó então quis aproveitar o feito para ensinar que o cago
> não é uma
> coisa desprezível.
> Eu tinha vontade de rir porque a vó contrariava os
> ensinos do pai.

Diante disso, a literatura podia pouco. Do pai que faltou, da mãe que ralhou. Podia ver, nomear, mas a essência estava antes da palavra. A arte pode, a literatura pode resgatar. Especialmente se não vier disposta a ajudar. Mas a expandir. Não saturada, a trazer pensamento e sentimento como a avó pode resgatar mãe ou pai, e o padrinho resgata, e a comunidade e a literatura resgatam.

Somos pequenos demais para a vida. A nossa vã ciência, também. Por isso, a psicologia, a que mais gosto e utilizo, ludicamente, teve a humildade de valer-se da literatura. Ela sabe que sem arte a vida não tem solução.

Minha avó, ela era transgressora.
No propósito ela me disse que até as mariposas gostavam de roçar nas obras verdes.

A educação é necessária, mas sempre há falta. Tudo falta. Para educar, precisa ser transgressora. A obediência completa mata a individualidade. Transgressora como uma avó e a literatura, esta de que a vida se serve para nomear as faltas, expressar, sentir, pensar as faltas. E transcender. Sem transcendência, não há psicologia, literatura, vida.

Entendi que obras verdes seriam aquelas feitas no dia.
Daí que também a vó me ensinou a não desprezar as coisas desprezíveis.
E nem os seres desprezados.

A literatura é quem mais ensina à psicologia. Com as suas palavras, que vem depois, destino nobre desejado por toda psicoterapia e psicanálise. Que se possa ter a ilusão de ordenar o caos. Vestir a coisa sem nome. Envelopar o silêncio. Dizer. Dizer, entendendo e sentindo, é curar-se. Curar-se não significa ficar bom. O bom não há, é bem e mal e nuança o tempo todo. Curar-se não equivale a aliviar-se – vida e alívio são incompatíveis –, mas juntar num lugar o que se sente e o que se entende. É pouco, mas cura, ou seja, encontra algo mais. O próprio estilo, o próprio tom, a própria frase. Terreno em comum da psicologia e da literatura.

A psicologia também refaz cenário. Personagem. Trama. Destrincha o que teve de bom e ruim para contar de novo. O novo. Valoriza o que estruturou. Compreende o que não. Mas tem intenção, que não disfarça. O tal de destrinchar. Então, precisa do literário, que faz o mesmo, com deslocamento e música.

Literatura e psicologia juntas, em torno mais dos ritmos e menos das explicações, menos no que dizem e mais no que soam, aprendem a não desprezar as coisas. A obrar. A amar. A viver.

Literatura e psicologia são feitas da mesma matéria contra a morte, que as espreita desde o nascimento.

# CONSIDERAÇÕES FINAIS

1-

E mesmo mãe coragem, pai medroso,
feridos de outras personagens, seriam
capazes de falsear a narrativa. Mas
poesia e análise restabeleciam
o calor de uma verdade,
nem que na véspera
da morte
fria.

Logo, além da paixão e sua fúria
contra a morte e contra o não,
ou de uma noite brincar de dia
entre pouca idade e muita
subjetividade,
escrever, ler e analisar-se
têm sim serventia.

2-

O destino de uma felicidade não está traçado,
e toda psicanálise é louca.
O destino de uma arte não está traçado,
e toda poesia é louca.

Há vida, repetição, não há quimera.

Poetas e psicanalistas vivem de cutucar a fera.

# POSFÁCIO

A Maria da Paz tinha sete anos e entendeu direitinho o que era um psicanalista. Durante a palestra, alguém lhe assoprou. Ela não desperdiçou a oportunidade. A sua Escola ficava em Caída do Céu, subúrbio de São Leopoldo. O Projeto "Leituração", da Prefeitura Municipal, tinha me levado para lá.

Maria da Paz esperou o final da fala para me procurar. E disse com a maior presteza:

– Quero falar da minha família.

Contou que vivia com a tia. Pai e mãe estavam mortos. Também tinham morrido a avó e outra tia. Mas guardava no roupeiro uma foto de cada um. Na parte de cima, onde podia alcançar direitinho. Era só subir na cama ou na cadeira.

Bem que tentaram me prevenir. O diretor explicou-me como funcionava o ajuste de contas no tráfico. Começava-se matando as mulheres da família. Depois, os filhos. Maria da Paz fora testemunha do assassinato dos pais. Fugira em tempo, com a irmã.

Mas a morte é sempre nova, ensinou-me outro escritor, o Elias Canetti. E, diante dela, não há prevenção possível. Lá estava eu, mais engasgado do que a Maria da Paz. Ela não engasgava. Adormecia, acordava, aprendia, brincava, comia, fazia amizades, ouvia histórias. E contava a sua.

Aproveitava a oportunidade para expressar sentimentos. Isto, aliás, foi o que lhe disseram do psicanalista, alguém que ouve emoções. Eu ouvia com certa vergonha de meus dramas comezinhos. Com uma tristeza indescritível e muita, muita alegria de estar ali para escutar.

Não lembro o que disse, porque disse pouco. Que guardasse as fotos, que os pais devem ter sido inesquecíveis para ela estar ali, vivendo, lembrando, contando. Se é que disse, porque, onde entra a morte, costumo calar e ficar ouvindo a vida. Ela queria falar.

Ao final, lembro que perguntei:

– Posso te dar um beijo?

Novamente, não hesitou:

– Claro que não.

Por que aceitaria o beijo de um estranho? Por que se acharia digna de pena? Estava ali para falar a alguém que, segundo lhe disseram, costumava ouvir crianças que desejavam falar. De resto, defendia-se muito bem, inclusive afastando quem tentava interromper o nosso encontro com algum pedido supérfluo como um autógrafo ou uma pergunta.

– Mas posso te dar um tchau? – insisti, na hora de ir embora. E a Maria da Paz, sem titubear:

– Claro que sim.

Saí aliviado. Claro que ela teria muitos beijos nesta vida, inclusive de outras mães e outros pais. Eu estava acostumado a ter este tipo de esperança com a literatura e a psicanálise.

# REFERÊNCIAS

ABERASTURY, A.; KNOBEL, M. *Adolescência normal*. Porto Alegre: Artmed, 1981.

ANDRADE, C. D. de. *A palavra mágica*. Rio de Janeiro: Record, 2005.

ANDRADE, C. D. de. *Corpo*. Rio de Janeiro: Record, 1984.

ANDRADE, C. D. de. *Reunião*: 10 livros de poesia. Rio de Janeiro: José Olímpio, 1980.

AULAGNIER, P. Construir(se) um pasado. *Psicoanálisis – ApdeBA*, v. 8, n. 3, p. 441-468, 1991.

AUSTER, P. Todos os poemas. São Paulo: Companhia das Letras, 2013.

BANDEIRA, M. *Estrela da vida inteira*. Rio de Janeiro: José Olympio, 1983.

BARANGER, M.; BARANGER, W. La situación analítica como campo dinámico. In: BARANGER, M.; BARANGER, W. *Problemas del campo analítico*. Buenos Aires: Kargieman, 1969. p. 124-164.

BARRIE, S. J. M. *Peter Pan*. São Paulo: Salamandra, 2006.

BARROS, M. de. *Memórias inventadas*: a infância. São Paulo: Planeta, 2003.

BARTHES, R. *O prazer do texto*. São Paulo: Perspectiva, 2010.

BAUMAN, Z. *Tempos líquidos*. Rio de Janeiro: Jorge Zahar, 2007.

BEN SOUSSAN, P. S'il vous plait, dessine-moi un parent. *Spirale- Parentalité Accompagnée ... Parentalité confisquée?*, v. 29, p. 33-45, 2004.

BENJAMIN, W. *Écrits français*. Paris : Gallimard, 1991.

BETTELHEIM, B. *Psychanalyse des contes de fées*. Paris : Robert Laffont, 1976.

BETTELHEIM, B.; ZELAN, K. *Psicanálise da alfabetização:* um estudo psicanalítico do ato de ler e aprender. Porto Alegre: Artmed, 1991.

BION, W. R. *Aux sources de l'expérience*. Paris : Puf, 1979a.

BION, W. R. *Atenção e interpretação*. Rio de Janeiro: Imago, 2006.

BION, W. R. *Eléments de la psychanalyse*. Paris: Puf, 1979b.

BOLLAS, C. A arquitetura e o inconsciente. *Revista Latinoamericana de Psicopatologia Fundamental*, v. 3, n. 1, p. 21-46, 2000.

BONNAFÉ, M. *Les livres c´est bons pour les bébés*. Paris: Calman-Levy, 1993.

BORGES, J. L. *O outro, o mesmo*. São Paulo: Companhia das Letras, 2009.

BORGOGNO, F. *A Entrevista de Vancouver:* fragmentos de vida e obras de uma vocação psicanalítica. Rio de Janeiro: Imago, 2009.

BOWLBY, J. *Attachement et perte la separation*: angoisse et colère. Paris: Puf, 1978. v. 2.

BOWLBY, J. *Formação e rompimento dos laços afetivos*. 2. ed. São Paulo: Martins Fontes, 1990.

BOWLBY, J. *Soins maternels et santé mentale*. Genève: OMS, 1951.

BRECHT, B. *Poemas*: 1913-1956. São Paulo: Editora 34, 2009.

BROSSA, J. *Poesia vista*. São Paulo: Ateliê Editorial, 2005.

BRUNER, J. *Atos de significação*. Porto Alegre: Artmed, 2002.

BUARQUE, C. Viver do amor. Intérprete: Chico Buarque. In : BUARQUE, C. *Ópera do malandro*. [S.l.] : Universal, 1977. 1 CD.

BYDLOWSKI, M. *La dette de vie:* itinéraire psychanalytique de la maternité. Paris: Puf, 1997.

CACASO. *Lero-lero*. São Paulo: Cosac Naify, 2012.

CARLOTA; MEDEIROS ; E. O sol nascerá. Interprete: Elton Medeiros. In: MEDEIROS, E. *Elton Medeiros*. [S.l.: s.n.], 1973. 1 CD.

CARROLL, L. *Alice au pays des merveilles*. Paris: Gallimard, 2007.

CICCONE, A. Naissance à la pensée et partage d'affects. In: COLÓQUIO VINCULOS TEMPRANOS, CLINICA Y DESARROLLO INFANTIL, 2007.*Anales...* Montevidéu: [s.n.], 2007.

CRAMER, B.; PALACIO-ESPAZA, F. *La Pratique des psychothérapies mères-bébés*. Paris: Puf, 1993.

CYRULNIK, B. *Un merveilleux malheur.* Paris: Odile Jacob, 1999.

DIATKINE, R *L'enfant dans l'adulte ou L'éternelle capacité de rêverie.* Lausanne: Delachaux et Niestlé, 1994.

ECO, U. *L'œuvre ouverte.* Paris: Seuil, 1965.

FERENCZI, S. *Oeuvres Complètes.* Paris: Payot/Bibliothèque Scientifique, 1974.

FONAGY, P. *Théorie de l'attachementetpsychanalyse.* Ramonville Saint-Agne: Érès, 2004.

FRANK, A. *Le Journal d'Anne Frank.* Paris: Calmann-Lévy, 1985.

FREUD, S. *À Guisa de introdução ao narcisismo.* Rio de Janeiro: Imago, 2004. v. 1.

FREUD, S. *A interpretação dos sonhos.* Rio de Janeiro: Imago, 1996b. v. 4.

FREUD, S. *A ocorrência, em sonhos, de material oriundo de contos de fadas.* Rio de Janeiro: Imago, 1996c. v. 12.

FREUD, S. *Além do princípio do prazer.* Rio de Janeiro: Imago, 1977. v. 2.

FREUD, S. *Esboço de psicanálise.* Rio de Janeiro: Imago, 1996e. v. 23.

FREUD, S. *Leonardo da Vinci e uma lembrança da sua infância.* Rio de Janeiro: Imago, 1996d.

FREUD, S. *O mal-estar na civilização.* Rio de Janeiro: Imago, 1996a. v. 21.

GOLSE, B. *Du corps à la pensée.* Paris: Puf, 1999.

GOLSE, B. *Sobre a psicoterapia pais-bebê:* narratividade, filiação e transmissão. São Paulo: Casa do Psicólogo, 2003. (Coleção Primeira Infância).

GOLSE, B.; BRACONNIER, A. *Nos bebés, nos ados.* Paris: Odile Jacob, 2008.

GREEN, A. *O trabalho do negativo.* Porto Alegre: Artmed, 2010.

GUTFREIND, C. *A almofada que não dava tchau.* [S.l.]: Artes e Ofícios, 2006.

GUTFREIND, C. *A obra de Salvador Celia:* empatia, utopia e saúde mental das crianças. Porto Alegre: Artmed, 2013.

GUTFREIND, C. *A primeira palavra.* Belo Horizonte: Dimensão, 2004.

GUTFREIND, C. *Narrar, ser mãe, ser pai & outros ensaios sobre a parentalidade.* Rio de Janeiro: Difel, 2010.

GUTFREIND, C. *Vovó não vai para o céu.* Porto Alegre: Solivros, 1995.

HEINE, H. *Heine hein? poeta dos contrários.* São Paulo: Perspectiva, 2011.

HONIGSZTEJN, H. *A psicologia da criação.* Rio de Janeiro: Imago, 1990.

HOULLEBECQ, M. *Poesía.* Barcelona: Anagrama, 2012.

REFERÊNCIAS

KEATS, J. *Ode sobre a melancolia e outros poemas*. São Paulo: Hedra, 2010.

KEATS, J. ; BYRON, G. G. *Entreversos*. Campinas: Unicamp, 2009.

KLEIN, M. *Inveja e gratidão e outros trabalhos*. Rio de Janeiro: Imago, 1991.

KLEIN, M. L'importance de la formation du symbole dans le développement du moi. In: KLEIN, M. *Essais de psychanalyse (1921-1945)*. Paris: Payot, 1967a.

KLEIN, M. *Le transfert et autres écrits*. Paris: Puf, 1975.

LACAN, J. *O seminário:* a relação de objeto. Rio de Janeiro: Jorge Zahar Editor, 1995.

LAFFORGUE, P. *Petit Poucet deviendra grand* : le travail du conte. Bordeaux: Mollat Editeur, 1995.

LAWRENCE, D. H. *O amante de Lady Chatterley*. Rio de Janeiro: BestBolso, 2008.

LEBOVICI, S. Diálogo Leticia Solis-Ponton e Serge Lebovici. In: SOLIS-PONTON, L. (Org.). *Ser pai, ser mãe – parentalidade*: um desafio para o próximo milênio. São Paulo: Casa do Psicólogo, 2004.

LEBOVICI, S. On intergenerational transmission: from filiation to affiliation,*Infant Mental Health Journal*, v. 14, n. 4, p. 260-272, 1993.

LEMINSKI, P. *Distraídos venceremos*. São Paulo: Brasiliense, 1989.

LESSING, G. E. *Emília Galotti*. Boston: Ginn, 1894.

MAHLER, M. *O processo de separação e individuação*. Porto Alegre: Artes Médicas, 1982.

MAIA, T. Imunização racional. Intérprete: Tim Maia. In: MAIS, T. *Tim Maia racional*. [S.l.]: Trama, 1974. 1 disco sonoro.

MANN, T. *O escritor e sua missão*: Goethe, Dostoievski, Ibsen e outros. Rio de Janeiro: Zahar, 2011.

MEIRELES, C. *Ou isto ou aquilo*. Rio de Janeiro: Civilização Brasileira, 1977.

MELTZER, D.; WILLIAMS, M. H.*A apreensão do belo*: o papel do conflito estético no desenvolvimento na violência e na arte. Rio de Janeiro: Imago, 1994.

MILLER, H. *O mundo do sexo*. Rio de Janeiro: José Olympio, 2007.

MILMAN, C.*Aqui jasmim*. [S.l.]: Modelo de Nuvem, 2012.

MONTERO, R.*A louca da casa*. Rio de Janeiro: Ediouro, 2004.

MORAES, V. O incriado. In: MORAES, V.*Antologia poética*. São Paulo: Companhia de Bolso, 2009a.

NERUDA, P.*Ainda*. Rio de Janeiro: José Olympio, 1971.

NIETZSCHE, F.*A origem da tragédia*. Lisboa: Guimarães, 1985.

OGDEN, T.H. *Esta arte da psicanálise*: sonhando sonhos não sonhados e gritos interrompidos. Porto Alegre: Artmed, 2010.

PAVLOVSKY, E.; KESSELMAN, H. *Espacios y creatividad*. Buenos Aires: Galerna, 2007.

PETIT, M. *A arte de ler ou como resistir à adversidade*. São Paulo: Editora 34, 2009.

PIZARNIK, A. *Obras completas*: poesia & prosa. Buenos Aires: Corregidor, 1990.

POUND, E. *ABC da literatura*. São Paulo: Cultrix, 2006.

PROPP, V. *Morphologie du conte*. Paris : Seuil, 1970.

QUINODOZ, J.-M. *Ler Freud*: guia de leitura da obra de S. Freud. Porto Alegre: Artmed, 2007.

QUINTANA, M. *Apontamentos de história sobrenatural*. Rio de Janeiro: Globo, 1984a.

QUINTANA, M. *Melhores poemas*. São Paulo: Global, 2005.

QUINTANA, M. *Verório sem defunto*. Porto Alegre: Mercado Aberto, 1990.

RASSIAL, J-J. *Le passage adolescent, de la famille au lien social*. Paris: Érès, 1996.

RICOEUR, P. *Temps et et récit, l'intrigue et le récti historique*. Paris: Seuil, 1983. v. 1.

ROSA, G. *Grande sertão*: veredas. Rio de Janeiro: José Olympio, 1980.

SABATO, E. *A resistência*. São Paulo: Companhia das Letras, 2008.

SAINT-EXUPÉRY, A. de *Le Petit prince*. Paris : Gallimard, 1997.

SALINGER, J.D. *O apanhador no campo de centeio*. Rio de Janeiro: Editora do Autor, 1945.

STERN, D. *La Constellation maternelle*. Mesnil-sur-L'Estreée: Calmann-Lévy, 1997.

STERN, D. *O mundo interpessoal do bebê*: uma visão a partir da psicanálise e da psicologia do desenvolvimento. Porto Alegre: Artmed, 1992.

TEZZA, C. *O filho eterno*. Rio de Janeiro: Record, 2007.

VIOLA, P. da. Sei lá, Mangueira. Intérprete: Paulinho da Viola. In : VIOLA, P. da. *Nova história da música popular brasileira*. [S.l.] : Abril Cultural, 1976. 1 LP.

WALLERSTEIN, R.S. ?Un Psicoanalisis o Muchos? *Int. J. Psycho-Anal*, p. 5-21, 1988.

WHITMAN, W. *Folhas das folhas de relva*. São Paulo: Brasiliense, 1983.

WINNICOTT, D. W. *Jeu et réalité*: l'espace potentiel. Paris: Gallimard, 1975.

WINNICOTT, D. W. *Los procesos de maduración y el ambiente facilitador*: estudios para una teoria deldesarrollo emocional. Buenos Aires: Paidós, 2002.

WINNICOTT, D. W. Objets transitionnels et phénomènes transitionnels : une étude de la première possession non-moi. In: WINNICOTT, D. W. *De la pédiatrie à la psychanalyse*. Paris: Payot, 1969b.

REFERÊNCIAS

WINNICOTT, D. W. *Tudo começa em casa*. São Paulo: Martins Fontes, 1986.

WINNICOTT, D.W. La préoccupation maternelle primaire. In : WINNICOTT, D. W. *De la pédiatrie à la psychanalyse*. Paris: Payot, 1969a.

YALOM, I. *O executor do amor e outras estórias sobre psicoterapia*. Porto Alegre: Artmed, 1996.

## LEITURAS RECOMENDADAS

AJAR, E. *Toda vida pela frente*. Rio de Janeiro: Rocco, 1986.

ANJOS, A. dos. *Eu & outras poesias*. Rio de Janeiro/Belo Horizonte: Civilização Brasileira/Itatiaia, 1982.

ANZIEU, D. *O Eu pele*. São Paulo: Casa do Psicólogo, 1989.

BRAZELTON, T. B. *O desenvolvimento do apego:* uma família em formação. Porto Alegre: Armed, 1981.

CALVINO, Í. *Seis propostas para o próximo milênio*. São Paulo: Companhia das Letras, 1990.

CORSO, D.; CORSO, M. *Fadas no divã:* psicanálise nas histórias infantis. Porto Alegre: Artmed, 2006.

COSTA, G. *A clínica psicanalítica das psicopatologias contemporâneas*. Porto Alegre: Artmed, 2010.

FÉDIDA, P. Le conte et la zone de l´endormissement. *Psychanalyse à l´Université*, v. 1, p. 111-151, 1975.

FERRO, A.; BASILE, R. *Campo analítico:* um conceito clínico. Porto Alegre: Artmed, 2013.

FRAIBERG, S. *Fantômesdans la chambre d'enfants*. Paris: Puf, 1999.

FREUD, S. Le créateur littéraire et la fantaisie. In: FREUD, S. *L'inquiétante étrangeté et autres essais*. Paris: Gallimard, 1985.

FREUD, S. *Análise terminável e interminável*. Rio de Janeiro: Imago, 1996. v. 23.

FREUD, S. *Dostoievski e o parricídio*. Rio de Janeiro: Imago, 1996.

FREUD, S. *Duas histórias clínicas (o "Pequeno Hans" e o "Homem dos ratos"*. Rio de Janeiro: Imago, 1996. v. 10.

FREUD, S. *Formulações sobre os dois princípios do acontecer psíquico*. Rio de Janeiro: Imago, 2004. v. 1.

FREUD, S. *O ego e o id*. Rio de Janeiro: Imago, 1996. v. 19.

FREUD, S. *Os sonhos no folclore.*. Rio de Janeiro: Imago, 1996. v. 12.

FREUD, S. *Sobre a transitoriedade.*. Rio de Janeiro: Imago, 1996. v. 14.

GOLSE, B.; ROUSSILLON, R. *La naissance de l'objeto*. Paris: Puf, 2010.

GRANA, R. *A carne e a escrita:* um estudo psicanalítico sobre a criação literária. São Paulo: Casa do Psicólogo, 2005.

GRIMM, J.; GRIMM, W. *João e Maria*. São Paulo: Cosac Naify, 2010.

GUTFREIND, C. *Arte de rua*. Porto Alegre: Tchê!/Instituto Estadual do Livro, 1993.

GUTFREIND, C. *As duas análises de uma fobia em um menino de cinco anos – O Pequeno Hans:* a psicanálise da criança ontem e hoje. Rio de Janeiro: Civilização Brasileira, 2008.

GUTFREIND, C. *Em defesa de certa desordem*. Porto Alegre: Artes e Ofícios, 2013.

GUTFREIND, C. *Grilos*. Porto Alegre: Artes e Ofícios, 2006.

GUTFREIND, C. *L'utilisation du conte infantile comme médiateur dans le traitement des enfants séparés de leurs parents:* possibilités thérapeutiques et quelques aspects spécifiques. 1997. Dissertação (Mestrado em Psicopatologia Clínica e Psicanálise) –Universidade Paris XIII.

GUTFREIND, C. *O terapeuta e o lobo:* a utilização do conto na psicoterapia da criança. Porto Alegre: Artes e Ofícios, 2011.

GUTFREIND, C. Por uma infância sólida de histórias. *Revista de Psicanálise da SPPA*, v. 18, n. 2, p. 363-373, 2011.

GUTFREIND, C. *Retrato falante*. Porto Alegre: Tchê!, 1995.

HECKER FILHO, P. *Ver o mundo*. Porto Alegre: Livros Camaleoa, 1995.

JAKOBSON, R. *A geração que esbanjou seus poetas*. São Paulo: Cosac Naify, 1931.

JEAMMET, P.; CORCOS, M. *Novas problemáticas da adolescência:* evolução e manejo da dependência. São Paulo: Casa do Psicólogo, 2005.

JENSEN, W. *Gradiva, uma fantasia pompeiana*. Rio de Janeiro: Jorge Zahar, 1987.

KAËS, R. Introdução: o sujeito da herança. In: KAËS, R. et al. *Transmissão da vida psíquica entre gerações*. São Paulo: Casa do Psicólogo, 2001.

KAËS, R. *L'appareil psychique groupal:* construction du groupe. Paris: Dunod, 1976.

KLEIN, M. *Essais de psychanalyse (1921-1945)*. Paris: Payot, 1967.

KLEIN, M. La personnification du jeu dans les jeu des enfants. In: KLEIN, M. *Essais de psychanalyse (1921-1945)*. Paris: Payot, 1967.

KONICHECKIS, A. *De génération en génération*: la subjectivation et les liens precoces. Paris: Puf, 2008.

LACAN, J. Le stade du miroircomme formateur de la fonction du Jeu telle qu'elle nous est révélée dans l'expérience psychanalytique. In: LACAN, J. *Écrits*. Paris : Seuil, 1966.

LAPLANCHE, J.; PONTALIS, J.-B. *Vocabulaire de la psychanalyse*. Paris : PUF (Quadrige), 1997.

LEBOVICI, S. *Le Bébé, le psychanalyste et la métaphore*. Paris: Odile Jacob, 2002.

LEBOVICI, S. *L'arbre de vie*: eléments de la psychopathologie du bébé. Ramonville Saint-Agne : Érès, 1998.

LEBOVICI, S.; DIATKINE, R. *Significado e função do brinquedo na criança*. Porto Alegre: Artmed, 2002.

MANNONI, M. *La théorie comme fiction*. Paris: Éditions du Seuil, 1979.

MARTY, P. *Mentalização e psicossomática*. São Paulo: Casa do Psicólogo, 1998.

MILLS, J.; CROWLEY, R. *Métaphores thérapeutiques pour enfants*. Paris: Descellée de Brouwer, 1995.

MORAES, V. *Antologia poética*. São Paulo: Companhia de Bolso, 2009b.

MORICONI, Í. *Destino poesia*. Rio de Janeiro: José Olympio, 2010.

O´BRIEN, E. *Byron apaixonado*. Rio de Janeiro: Bertrand Brasil, 2011.

POMMAUX, Y. *Chico le clown amoureux*. Paris : L'École de Loisirs, 1980.

QUINTANA, M. *O batalhão das letras*. Rio de Janeiro: Editora Globo, 1984.

SOULÉ, M. O filho da cabeça, o filho imaginário. In: BRAZELTON, T. B et al. *A dinâmica do bebê*. Porto Alegre: Artmed, 1987.

STERN, D. L'enveloppe prénarrative - Vers une unité fondamentale d'expérience permettant d'explorer la réalité psychique du bébé. In: GOLSE, B.; MISSONNIER, S. (Ed.). *Récit, attachement et psychanalyse:* pour une clinique de la narrativité. Paris: Érès, 2005.

WINNICOTT, D. W. *Consultas terapêuticas em psiquiatria infantil*. Rio de Janeiro: Imago, 2000.